"2019江苏高校青蓝工程优秀教学团队培养对象项目
——现代服务BPO教学团队"成果

我国养老产业服务众包模式研究

WOGUO YANGLAO CHANYE FUWU ZHONGBAO MOSHI YANJIU

李瑞丽 / 著

苏州大学出版社
Soochow University Press

图书在版编目（CIP）数据

我国养老产业服务众包模式研究／李瑞丽著. —苏州：苏州大学出版社，2021. 12
ISBN 978-7-5672-3830-5

Ⅰ. ①我… Ⅱ. ①李… Ⅲ. ①养老-服务业-服务模式-研究-中国 Ⅳ. ①F726. 99

中国版本图书馆 CIP 数据核字（2021）第 263565 号

我国养老产业服务众包模式研究

李瑞丽　著

责任编辑　孙志涛

助理编辑　曹晓晴

苏州大学出版社出版发行
（地址：苏州市十梓街 1 号　邮编：215006）
广东虎彩云印刷有限公司印装
（地址：东莞市虎门镇北栅陈村工业区　邮编：523898）

开本 787 mm×960 mm　1/16　印张 12. 75　字数 178 千
2021 年 12 月第 1 版　2021 年 12 月第 1 次印刷
ISBN 978-7-5672-3830-5　定价：55. 00 元

若有印装错误，本社负责调换
苏州大学出版社营销部　电话：0512-67481020
苏州大学出版社网址　http：//www. sudapress. com
苏州大学出版社邮箱　sdcbs@ suda. edu. cn

自序

人口问题是一个国家的基本性、全局性和战略性问题，世界的人口形势正经历前所未有之大变局，中国的人口形势也非常严峻。中国既面临着人口总量即将见顶，有可能出现下滑趋势的危机；又面临着人口少子化、老龄化带来的结构性危机。2020 年 10 月，《中共中央关于制定国民经济和社会发展第十四个五年规划和二〇三五年远景目标的建议》明确提出，“实施积极应对人口老龄化国家战略。制定人口长期发展战略，优化生育政策，增强生育政策包容性”，将应对人口老龄化上升为国家战略。

我国自 2000 年进入老龄化社会以来，老年人口所占的比重不断上升，老龄化给家庭生活、社会生活带来诸多挑战，已对我国经济结构、消费结构产生重要影响。近年来，我国政府高度重视应对人口老龄化工作，党的十八大、十八届三中全会和五中全会、十九大、十九届四中全会，都要求积极应对人口老龄化。20 多年来，我国对人口老龄化的认识经历了一个逐步深化的过程，从重视人口老龄化趋势，努力解决老年人社会保障和精神文化生活问题，到积极应对人口老龄化，认真研究制定应对人口老龄化的政策措施，再到将应对人口老龄化上升为国家战略。但与发达国家相比，我国人口老龄化还具有“未富先老”的特点，未来应对人口老龄化还将面临更多、更大的挑战。

伴随着我国人口老龄化程度的加深，我国传统的“养儿防老”

家庭养老负担不断加重，社会化养老逐渐成为趋势，养老产业的发展将成为未来经济发展的新动能。我国要努力做到：发展“银发经济”，丰富养老服务业态，推动医养结合、康养结合、护养结合，支持养老服务产业与相关产业融合发展；增加老年用品供给，提升老年用品科技含量，促进养老服务消费，培育养老产业新的增长点。

养老产业是典型的服务业，其涉及的领域几乎涵盖经济社会的各个方面。养老产业是养老与其他产业交融发展的产业，所以养老产业的发展需要各行各业、社会全体成员高度重视。面对老年群体的日益庞大和养老需求的更加多样化，养老产业的发展将形成带动社会生产、消费、就业三方面良性循环的巨能，养老产业将成为“朝阳产业”。

养老需求涉及老年人的衣、食、住、行、用、医、娱、学等物质、精神、文化方面，从而构成社会庞大的养老产业链。养老产业是多个产业相互交叉的综合性产业，但由于老龄市场的不成熟，我国养老产业的发展一直受到限制，养老需求也受到抑制。

我国的养老模式主要是以居家养老为基础、社区养老为依托、机构养老为补充的模式，居家养老是一种地理位置上的分散养老，但居家养老符合老年人对家眷恋的心理。我国通过社区组织使居家养老的分散化统一在社区养老的社会化中，所以我国未来养老的主要模式将是社区居家养老模式。社区居家养老的实现需要社区与家庭的互动，而智能化系统将有力助推我国养老服务业的发展。

随着养老产业的发展，满足多样化的养老需求需要各行各业都参与到养老服务中。本研究提出了在推进养老产业供给侧结构性改革中，应大力发展基于智能化的养老产业服务众包模式。服务众包模式通过构建涉及养老产业的各行各业都能共享交流融合的信息服务平台，在养老供给与需求上实现对接；服务众包模式促进各行各业关心养老服务业，发挥养老服务的企业社会责任，健全养老供给与需求市场机制，实现养老事业与养老产业的双发展、老龄社会责任与企业战略发展的双受益。

本研究提出的基于智能化的养老产业服务众包模式的主要贡献在于：

（1）本研究的结论可为推动我国养老市场的供给侧结构性改革提供相关参考。过去我国政府一直重视养老事业的发展，但对养老产业的市场培育则任由企业自我发展。我国养老产业发展滞后于人口老龄化的进程，养老服务的供给与养老需求存在结构上的严重不匹配现象，要通过政府的引导开展养老产业的供给侧结构性改革，使养老产业更加专注养老需求的多样化与高标准化。

（2）本研究提出养老产业的服务众包模式。服务众包模式是一种商业模式，更是一种思维模式。服务众包体现了人人参与养老、各行各业参与养老的思想。我国要通过养老产业服务众包模式，让更多产业参与养老服务业，在养老需求日益个性化、多样化、专属定制化的价值主张中满足更多老年人的消费新需求，并使养老产业成为新时代经济社会发展的新动力。

（3）本研究提出通过服务众包模式，发掘更多智能化的产业参与养老服务。在人工智能、物联网、大数据等现代信息技术快速发展的时代，养老服务平台系统、智能养老产品与设施设备、养老健康咨询服务、养老金融理财服务等行业，都通过智能化的手段助推养老产业发展、对接养老需求，使养老服务更加便捷化、人性化和精准化。

（4）本研究提出养老产业服务众包模式的运营需要有系统的体系与管理模式。养老事业与养老产业要同步发展，也要协调发展，养老关系到国计民生和国家稳定，所以养老产业的发展需要政府有序推进，在促进养老产业欣欣向荣的同时也要对其进行监督与引导，并通过政策与制度对其进行规范。

综上所述，本研究的观点是：人人都需要养老，各行各业都需要积极参与养老，只有全社会都重视养老，切实参与养老服务，才能使我国的养老服务业快速有序发展，这也是服务众包模式的思想内涵。尊老是我国的传统美德，在新时代，现代技术手段与新兴养老模式都将助推尊老传统美德发扬光大。随着智能化养老服务的推进、社区居家养老模式的革新、养老金融市场的进一步开放等，基于智能化的养老产业服务众包模式既是我国传统养老模式的延续与发展，又是对养老产业发展模式的创新；既能有效满足我国养老多样化需求，又能实现涉足养老产业的企业有序发展。希望本研究能为我国“积极应对人口老龄化战略”提供决策参考。

以此为序。

李瑞丽

2021 年 7 月

前 言

随着人口老龄化时代的到来，进一步完善社会养老服务体系，满足全社会不断增长的社会养老服务需求，已成为国家战略规划的重要内容。据全国老龄工作委员会预测，到2050年我国老年人口将达到4.8亿人，我国人口老龄化具有未富先老、未备先老、孤独终老等特征，养老已经成为我国经济社会发展的突出问题。随着老年人消费观念的改变，到2050年预计老年人口的消费潜力将达到106万亿元左右。大家普遍乐观认为，未来养老产业将成为“银发朝阳产业”。但目前我国的养老产业还没有形成规模，具有针对性的养老产业还只局限在机构养老、养老设施、养老地产、养老保险等方面，相关产业发展仍存在诸多不足；而基于居家养老的养老服务、养老护理、养老医疗、养老专用产品等特色养老市场尚未完全建立。由于养老产业的投资回报率低、回收周期长，我国养老产业的整体发展进程非常缓慢。

2012年11月8日，党的十八大报告明确提出，要积极应对人口老龄化，大力发展老龄服务事业和产业。2013年8月16日，国务院总理李克强主持召开国务院常务会议，确定深化改革加快发展养老服务业的任务措施，2013年9月6日《国务院关于加快发展养老服务业的若干意见》发布，2013年11月12日十八届三中全会通过《中共中央关于全面深化改革若干重大问题的决定》，提出积极应对人口老龄化，加快建立社会养老服务体系和发展老年服务产业，指出带有公益性的养老服务事业和带有市场性的养老服务产业并行发展的举措才是中国解决养老问题的途径。2014 年 3 月 5 日，在第十二届全国人民代表大会第二次会议上，国务院总理李克强所做的政府工作报告中提到，把消费作为扩大内需的主要着力点。通过增加居民收入提高消费能力，完善消费政策，培育消费热点。要扩大服务消费，支持社会力量兴办各类服务机构，重点发展养老、健康、旅游、文化等服务。2015 年 11 月 19 日，国务院办公厅印发《关于加快发展生活性服务业促进消费结构升级的指导意见》，对居民和家庭、健康、养老等十大类生活性服务业明确提出了加强供给创新的意见。

“十三五”期间，我国经济社会转型极大地提升了居民对生活性服务业的需求，为了实现“促改革、调结构、惠民生”的目标，我国提出了对服务业供给侧结构性改革的创新与优化要求。2016 年 5 月 27 日，中共中央政治局就我国人口老龄化的形势和对策举行第三十二次集体学习，习近平总书记在主持学习时强调，要积极发展养老服务业，推进养老服务业制度、标准、设施、人才队伍建设，构建居家为基础、社区为依托、机构为补充、医养相结合的养老服务体系，更好地满足老年人养老服务需求。从 2016 年开始，民政部、财政部联合发文部署中央财政支持开展居家和社区养老服务改革试点工作，共遴选出 5 批 203 个市（区、州）作为试点地区。2017 年 2 月 28 日，国务院印发《“十三五”国家老龄事业发展和养老体系建设规划》，提出到 2020 年，养老体系更加健全完善，及时应对、科学应对、综合应对人口老龄化的社会基础更加牢固的发展目标。

2018 年 9 月 20 日，中共中央、国务院发布《关于完善促进消费体制机制进一步激发居民消费潜力的若干意见》，明确健康养老家政消费作为新兴消费的一大种类。2018 年以后，我国进一步对重点社区居家养老政策、养老护理政策、养老机构规范政策等进行明确。2018 年 12 月修正的《中华人民共和国老年人权益保障法》由第十三届全国人民代表大会常务委员会第七次会议审议通过，2019 年 4 月国务院办公厅发布《关于推进养老服务发展的意见》，2019 年 10 月教育部办公厅等7部门印发《关于教育支持社会服务产业发展提高紧缺人才培养培训质量的意见》，2019年10月人力资源和社会保障部、民政部颁布实施《养老护理员国家职业技能标准（2019年版）》，2019年12月自然资源保障部印发《关于加强规划和用地保障支持养老服务发展的指导意见》，2020年7月民政部等9部委印发《关于加快实施老年人居家适老化改造工程的指导意见》，2020年12月国家卫生健康委分别印发《关于开展医养结合机构服务质量提升行动的通知》和《关于加强老年人居家医疗服务工作的通知》等，一系列养老服务法规制度的出台，推动我国养老服务进入快速发展期。2019年8月21日，国务院总理李克强主持召开国务院常务会议，部署扩大养老服务供给、促进养老服务消费工作，指出要以需求为导向发展养老服务，从多方面入手，满足老年人消费需求，提升老年人生活质量。2019年11月，中共中央、国务院印发《国家积极应对人口老龄化中长期规划》，提出到2022年，我国积极应对人口老龄化的制度框架初步建立；到2035年，积极应对人口老龄化的制度安排更加科学有效；到21世纪中叶，与社会主义现代化强国相适应的应对人口老龄化制度安排成熟完备。积极推进健康中国建设，建立和完善包括健康教育、预防保健、疾病诊治、康复护理、长期照护、安宁疗护的综合、连续的老年健康服务体系。健全以居家为基础、社区为依托、机构充分发展、医养有机结合的多层次养老服务体系，多渠道、多领域扩大适老产品和服务供给，提升产品和服务质量。2020年，我国相关政府部门制定出台多项与养老服务有关的政策，不断完善我国的养老服务政策体系。2020年1月工信部等5部委印发《关于促进老年用品产业发展的指导意见》，指出老年用品产业是以老年人为服务对象，提供老年服装服饰、日用辅助产品、养老照护产品、康复训练及健康促进辅具、适老化环境改善等产品的制造业，是老龄产业的重要组成部分，要深化供给侧结构性改革，实施创新驱动发展战略，培育龙头骨干企业，激发产业发展内生动力，丰富产品品种、提升产品品质、创建产品品牌，深化互联网、大数据、人工智能、5G等信息技术与老年用品产业融合发展，逐步构建完善的老年用品产业体系，增强适应老龄化社会的产业供给能力，不断满足老年人多样化、多层次消费需求。2020年1月，中国银保监会等13部委联合印发《关于促进社会服务领域商业保险发展的意见》，突出强化商业养老保险保障功能，提出大力发展商业养老年金保险，引导支持商业保险机构针对60岁及以上老年人风险保障需求，研发老年人疾病保险、医疗保险和意外伤害保险等专属产品。2020年12月，国务院办公厅印发《关于建立健全养老服务综合监管制度促进养老服务高质量发展的意见》，从明确监管重点、落实监管责任和创新监管方式三个方面提出养老服务综合监管相关部门的职责分工。2020年12月，国务院办公厅印发《关于促进养老托育服务健康发展的意见》，提出要扩大多方参与、多种方式的服务供给。这些法规政策的密集出台和实施，为推动我国养老服务事业的发展提供了强有力的法律依据和政策保障。

从2012年起，新闻媒体界针对“明天如何养老”这一问题展开了大讨论，焦点集中在养老机制、机构养老格局、养老保险与养老金、养老服务保障与养老服务措施、养老服务人员、养老服务监管等方面，但这些讨论仍然局限于现有的养老模式与思路，一些养老方式虽然在局部地区试点成功，但有些做法很难在全国普及，在现实解决养老问题方面成效还不明显。当前，我国养老服务产业整体处于发展初期，产业发展水平亟待提高，深入思考如何从供给侧结构性改革入手解决我国的养老问题，深入探讨养老服务供给机制的创新，对推动我国养老产业的健康、快速发展，对全面建设社会主义现代化国家具有重要的现实意义。

长寿时代来临，我国平均每年净增长800万到1 200万老年人口。截至2020年，我国60岁及以上人口达到2.6亿人，其中，失能、半失能老年人口已超过4 000万人。大约有1亿的老年人口有康复需求。社会各界普遍认为，70 后、80 后中产阶层进入养老阶段后，将推动中国养老产业成为“朝阳产业”，他们将成为中国养老产业发展的“稳定器”。老年人口的继续增加将使更多的地区陷入养老困境中。对此，政府相关部门、社会人口研究机构等都各抒己见，希望能有所突破，找到适合中国应对养老问题的对策。

“十四五”期间，我国正经历经济、社会和文化的深刻变革，城镇化的快速发展、脱贫攻坚战的全面胜利都为养老产业发展提供了重要机遇，我国在经历人口快速老龄化过程中，在各项人口政策、养老政策出台的同时，通过发展养老产业为老年人幸福养老提供了更可靠的路径。

我国正在向老龄化经济体转变，由于我国老年人口的增长和老年人对幸福生活的追求，我国未来将成为全球养老产业市场潜力最大的国家。养老产业正在成长为新型综合性产业，也将成为我国老龄社会条件下基础性、支柱性和战略性的产业。

目录

第一章　绪　论

人口是社会的主要生产要素，促进人口稳定均衡发展，是我国经济社会可持续发展的重要基础。我国是人口大国，在相当长时间内劳动力成本低是我国经济发展的相对优势。随着经济社会的发展，我国人口总量从 1949 年的 5.4 亿人增长到 2019 年的 14.1 亿人。但是，最近几年，由于生育率降低等原因，我国人口总量增速持续缓慢下滑，已经从 1987 年的 1.67%下降到 2019 年的 0.33%。根据世界卫生组织对老龄化社会的划分标准，凡 60 岁及以上人口占总人口的比重达 10%或者 65 岁及以上人口占总人口的比重达 7%，就表明这个国家或地区进入了老龄化社会。从 2000 年第五次全国人口普查的结果来看，我国 65 岁及以上人口占总人口的比重为 7.1%，60 岁及以上人口占总人口的比重为 10.5%，按照国际标准衡量，中国在 2000 年已经进入老龄化社会。据联合国预测，1990—2020 年世界老龄人口年均增速为 2.5%，同期我国老龄人口的年均增速为 3.3%，世界老龄人口占总人口的比重从 1995 年的 6.6%上升至 2020 年的 9.3%，同期我国老龄人口占总人口的比重从 6.1%上升至 11.5%，无论是增长速度还是占比，我国的老龄化都超过了世界平均水平。由此可见，未来中国将成为老龄化最严重和养老负担最重的国家之一。

目前，我国人口老龄化已经进入快速发展期，养老问题成为我国重要的社会问题和经济问题。当老年人口快速增加时，或许很多人心中会充满忧虑，数量庞大的老年人口是否会成为我国经济社会发展的包袱？人口老龄化是否会导致我国劳动力不足？老龄化社会的来临是否会使我国经济增长放缓甚至出现衰退？但很多人也充满信心，认为人口老龄化会带来新的市场需求和新的社会动能。一方面，人口政策已经做出调整，2016 年 1 月 1 日全面二孩政策开始实施，2021 年 5 月 31 日三孩政策正式实施，人口政策的调整在一定程度上会促使人口增长，优化生育政策有利于落实积极应对人口老龄化国家战略，保持我国人力资源禀赋优势；另一方面，随着经济社会和生活观念的变化，老年人群将成为我国未来社会最庞大的消费群体之一，由其需求催生的消费市场规模可期。2020 年 10 月 29 日，党的十九届五中全会审议通过《中共中央关于制定国民经济和社会发展第十四个五年规划和二〇三五年远景目标的建议》，提出“实施积极应对人口老龄化国家战略”。此外，随着智能化技术在养老中的广泛应用，传统的“养儿防老”的养老状况和观念已成为过去，智能化在养老产业中发挥的作用越来越强，养老产业的新模式正在逐渐形成。

第一节 研究背景、意义与现状

一、研究背景

我国老龄化速度正在加快。据相关部门预测，我国 60 岁及以上人口占总人口的比重，在 2030 年将达到 25%，2050 年或达到 35%。我国还是发展中国家，未富先老、快速老龄化、超大规模老年人口将成为我国长时期的重要国情。中国是崇尚“孝文化”的礼仪之邦，中国一直以“亲情”“家”等作为养老载体，千百年来，源远流长。但随着中国经济结构和人口结构的变化，单纯依靠“家庭养老”的格局正在被打破，老年人口的急剧增加正挑战着中国传统的养老模式，越来越多的事实证明，传统的家庭养老已经不能满足中国老年人的养老需求。

2012年11月8日，党的十八大报告明确提出“积极应对人口老龄化，大力发展老龄服务事业和产业”，指出带有公益性的养老服务事业和带有市场性的养老服务产业并行发展的举措才是中国解决养老问题的途径。2016年10月25日，中共中央、国务院印发《“健康中国2030”规划纲要》，提出要推进健康中国建设，提高人民健康水平，而消费结构升级将为发展健康服务创造广阔空间，科技创新将为提高健康水平提供有力支撑，各方面制度的更加成熟、更加定型将为健康领域可持续发展构建强大保障。“共建共享、全民健康”，是建设健康中国的战略主题。2017年3月9日，国家卫生计生委等13部委印发《“十三五”健康老龄化规划》，提出以老年人多样化需求为导向，推动老年健康产业发展，推进信息技术支撑健康养老发展，发展智慧健康养老新业态。充分运用互联网、物联网、大数据等信息技术手段，创新健康养老服务模式，开展面向家庭、社区的智慧健康养老应用示范，提升健康养老服务覆盖率和质量效率。2020年10月29日，党的十九届五中全会审议通过《中共中央关于制定国民经济和社会发展第十四个五年规划和二〇三五年远景目标的建议》，从国家顶层设计提出了中国应对人口老龄化挑战的纲领性文件，明确了积极应对人口老龄化的战略目标，为新时代中国特色养老事业和健康产业可持续发展指明了方向。应对人口老龄化应强化科技创新驱动能力，打造高质量的养老服务和产品供给体系，构建养老、孝老、敬老的社会环境，坚持应对人口老龄化和经济社会发展相结合，坚持满足老年人需求和解决人口老龄化问题相结合。应对人口老龄化要构建政府、市场、社会协同发展机制，动员全社会成员共同参与养老服务。老年群体是社会广泛关注的一个特殊群体，与其老有所养、老有所乐密切相关的养老服务产业的发展也成为社会关注的焦点。

从现实状况来看，我国养老产业的发展一直处于需求与供给不匹配的状态，政府一直在积极推动这项事业，但市场发展进程非常缓慢。我国一些经济发达地区首先进入了人口老龄化社会，这些地区的多数城市提出了“居家养老为主体、社区养老为依托、机构养老为支撑”的养老服务模式。这种模式依托社会养老系统优化了养老服务的运行结构，既关注了老年人对“家”眷恋的心理，又使养老需求得到了保障。随着人们生活水平的提高，越来越多的老年人更加关注自己晚年生活的质量，并希望获得更多养老适用的产品和服务。但是，随着老年人口的持续增长和越来越多的老年人对自己晚年生活质量要求的提高，单纯依靠政府财政支出维系的养老服务事业已经难以满足老年人日益增长和多样化的需求，有越来越多的业务需要通过市场来实现，但到目前为止，我国还没有形成一个系统规范、能够多方面满足老年人的需求并与政府养老服务事业发展相辅相成的养老服务产业市场。因此，深入探讨如何构建中国养老产业发展模式将成为养老服务研究的重要内容。我国经济发达地区率先进入人口老龄化社会，虽然这些地区老年人的社会保障水平、社会福利制度、社会服务设施建设等都居国内领先地位，但面对老年人日益增长和多样化的养老服务需求，单靠政府扶持的养老产业还远远不能满足老年人的需求，并且与发达国家养老服务标准差距还很大。

因此，在人口老龄化的大背景下，迫切需要构建和健全社会化养老模式、运营模式和管理模式，依靠社会力量兴办各种养老服务机构，重点发展与养老需求紧密相关的康养、旅游、金融、日常消费等服务，通过政策引导，促使我国相关产业关注养老需求，积极引导相关产业进入养老市场，促进我国养老产业的快速发展。

二、研究意义

在人口老龄化初期，我国主要依靠政府不断推动养老事业的发展，解决养老问题，满足老年人日益增长的物质文化需要，实现养老事业与经济社会的协调发展。但是，仅靠政府的养老力量是远远不够的，我国只有大力发展养老产业才能为多元化的养老服务需求创造更多供给，而发展养老产业必须依靠社会力量，尤其是提供老年产品和服务的相关企业。从我国养老产业发展现状来看，老年产品和服务的种类已经很多，而制约我国养老产业发展的是养老产业的运营模式，如何能为老年人提供适用于他们的多元化服务已成为我国养老产业发展亟待解决的问题。本研究基于多年的市场调查和理论分析，提出把养老产业服务众包作为促进我国养老产业健康发展的一个思路，希望能有效解决人口老龄化、老龄人口高龄化和高龄人口空巢化所带来的现实社会问题，并使我国的养老事业逐渐从“老有所养”向“老有颐养”“老有乐养”转变，最终提高老年人的生活水平和质量。

我国人口老龄化具有基数大、增速快、“空巢”多、寿龄高和需求广的特点，庞大的老年群体实际上为我国养老产业发展奠定了良好的消费基础，为养老服务市场运作提供了有力的消费保障，如果能把养老产业做大做活，它将成为我国经济发展新的增长点。本研究提出养老产业服务众包的发展模式，构建养老产业市场信息服务平台系统，规范发展各类养老产业服务系统，通过养老产业服务众包的养老经济战略思路与对策，整合社会各方资源，在政府的政策引导和支持下，让企业成为养老服务市场的主导者，通过完善养老产业服务众包模式和发展养老经济供养体系、老年健康支持体系、养老生活服务体系，以满足养老服务市场的多元化需求。

随着全球产业转移升级融合，运用现代技术和服务科学等多学科理论对传统服务业进行改造提升，大力发展基于网络的现代服务业新业态，已经成为深化改革的重要力量。以政府、企业、家庭、个人为节点，形成产品和服务更加个性化、分工更细、协作程度更高的网络化形态，已经成为正在涌现的新型商业模式。智能化养老技术和服务体系的建设将有效地促进技术平台的发展与数据的互联，有助于创新养老服务模式，并在此过程中带动形成一批新兴技术应用成果。例如，将互联网和物联网技术与养老服务相结合，针对老年人心理、生理等方面的特征，将语音识别技术、健康检查检测技术、短距离无线通信技术等智能化技术应用到老年人养生和护理中。

三、研究现状

当前，我国养老产业的发展在很大程度上还是依靠政府的投入与支持，随着养老需求的日益增长，政府与社会已经意识到老年消费市场需求增长将带动形成新兴产业，养老产业必将发展成为新一轮的“朝阳产业”，养老产业涉及满足老年人物质需求、精神需求及其他特殊需求的产品和服务的提供。伴随着我国经济的高质量发展，在政府有利政策的支持下，我国养老产业已经起步，养老产业的各项业务已经逐步市场化，但目前我国养老产业的相关企业还局限在养老市场需求的单一供给上。我国对养老产业的研究从 20 世纪 90 年代末期兴起，随着人口老龄化进程的加快，研究人口老龄化与养老产业的机构和人员逐渐增多。

（一）人口老龄化与养老产业研究

人口老龄化已经成为世界难题，因此对养老产业的研究都是从对人口老龄化的研究开始的。

乔治·马格纳斯（George Magnus，2012）指出，人口正在改变全球经济和我们的世界。人口学和人口变化的最大问题——人口老龄化，将对社会、经济甚至政治产生重大影响。

李建武（1998）基于我国人口老龄化的趋势提出了对养老产业的开发。养老问题已经成为世界各国的大事，尤其是在发达国家和地区，如日本和西欧，人口老龄化带来了劳动力不足、创新能力消退、医疗费用过高等问题。为此，女性就业、中老年就业、延迟退休、外来移民等应对人口老龄化的举措成为不少国家劳动力政策的新趋势，各国也在不断探索应对人口老龄化的产业政策。

萧振禹等（1997）指出养老问题是 21 世纪的社会热点问题，构建可持续发展的老年市场及养老产业，开发老年市场，振兴养老产业，已成为促进经济持续增长和社会可持续发展不可缺少的内容。

陆杰华（2002）在对我国养老产业进行的研究评述和展望中指出，我国养老产业研究基本可以分为起步阶段、开拓阶段与发展阶段，各个阶段对养老产业研究的主要内容与特点有着明显的不同。

（二）养老服务体系与养老产业研究

养老存在多元化养老服务体系。我国多项养老服务政策中都提出构建“居家为基础、社区为依托、机构为补充的养老服务体系”，如9064体系（居家养老占90%、社区养老占6%、机构养老占4%）和9073体系（居家养老占90%、社区养老占7%、机构养老占3%），基本的共识是养老以居家养老为主。

龚志文等（2020）指出，居家、社区、机构仅仅是服务载体或场域，认知的重点应该是老人养老所需的多少服务来自家庭、社区和机构，而非多少人在家庭、社区和机构中养老。城市养老服务体系包括家庭养老服务、社区养老服务、机构养老服务、其他养老服务，四种服务既相互交叠又功能各异，其中社区养老服务是连接家庭养老、社会养老、机构养老的核心。社区居家养老是目前城市养老的主要模式，养老产业的发展应围绕社区居家养老需求展开。

易艳阳等（2020）依循“共享经济”思路，提出打造“共享养老”的创新产业化发展路径，认为在传统“非共享”思路下，社区居家养老的产业化运营呈现供给低效、供需失衡、资源闲置、沟通不畅、发展无序的多重困局。打造“共享式”的社区居家养老发展路径，可克服社区居家养老产业的供给困境，实现社区居家养老产业的协同化、精准化、分享式、专业化与有序化发展。

当我国进入老龄化社会时，世界上不少发达国家和地区已经进入老龄化社会，它们的成功经验为我国研究养老问题、探索养老模式、发展养老产业、制定养老政策提供了有益借鉴。

日本是世界上老龄化最严重的国家，日本在20世纪70年代就进入了老龄化社会，但日本又是全球最适宜养老的国家，日本在养老保障上的成功得益于养老法律制度的建立和相关政策的完善，通过国民年金、医疗保险、介护保险等支撑和保障养老，催生养老产业并推动其快速发展。

德国男性和女性的法定退休年龄都是67岁，没有法律规定子女必须赡养父母，德国养老逐渐向养老机构公司化、养老费用保险化、临终关怀法制化和护理人员外籍化发展。

美国是世界第三人口大国，于20世纪进入老龄化社会，美国虽然已是一个发达国家，但作为一个老年型社会，同样面临着巨大的社会化养老压力。不同于东方国家的传统家庭观，美国的养老保障主要采取社会化方式。社区在美国养老中发挥了重要作用，美国全国约有10%的人口从事各类社区服务工作，每年还有约9 000万人次的志愿者从事社区服务工作，通过约70%的政府投入和约30%的社会捐赠等保证有足够的资金用于社区服务，社区有满足老年人不同需求的各类养老机构，并且各种服务设施齐全。市场化的养老企业与机构在美国养老中发挥着重要作用。

（三）养老产业具体内容研究

养老需求的多元化为养老产业的发展提供了巨大的市场空间，如老年人对护理服务、健康服务、多样化文化生活服务等的需求。

老年人生活不能自理时的养老护理需求，是养老最基本的刚性需求，传统的家庭养老就是老年人生活不能自理时由子女亲自照顾其起居，“孝”在这个时刻真正体现。随着我国社会结构和家庭结构的变化，多子多福的中国传统大家庭“2+N+N”结构发生了重大变化，“只生一个好”的中国当代家庭“4+2+1”结构上有老、下有小，迫切要求社会有能承担养老护理的专业机构和人员。因此，在养老产业研究方面，最先研究的是养老机构、养老护理服务、失能老年人长期护理、医养结合的老年护理等。

汪连杰（2021）对失能老年人长期护理需求规模和费用进行测算并预测经济效应，结果表明：失能老年人数量呈逐年上升趋势，

2060 年将达到 1.84 亿人，失能老年人长期护理费用预测将由 2020 年的 3 906.57 亿元增长到 2060 年的 44 973.16 亿元，增长 10.51 倍，其中轻度、中度和重度失能老年人长期护理费用将分别增长 7.92 倍、14.55 倍和 20.17 倍。老年护理劳动力需求量预测将由 90.33 万人上升到 228.98 万人，增长 1.53 倍；机构养老护理型床位需求量预测将由 241.03 万张增长到 553.11 万张，增长 1.29 倍；老年护理市场直接经济增量预测将由 3 906.57 亿元增长到 44 973.16 亿元，增长 10.51 倍。

胡丹等（2019）、鲁㠌等（2021）对机构养老老年人的日常生活能力进行了评估，认为机构养老老年人的生活能力受损率较高，建议为不同失能等级的老年人提供有针对性的养老服务，合理分配卫生资源，切实满足老年人对医养服务和精神服务的需求。

健康需求是人生所有阶段都关注的内容，但由于年老时身体机能和功能的衰退，老年人对健康的需求是最大的，康养成为养老产业关注的热点，康养旅游、森林康养、田园康养等成为现代老年人追求的新时尚。针对区域良好的生态环境资源禀赋条件，从康养方面开展养老产业的研究成为近几年的热点，如李甜江等（2020）、焦敏等（2021）对云南森林康养典型模式和云南养老旅游资源空间结构的研究，李建军等（2021）对中国台湾地区森林疗愈发展计划的研究，谢新（2020）对西南地区森林旅游发展的研究，高丹丹等（2017）对东北伊春市森林康养产业品牌建设的研究，等等。

另外，刘拓等（2017）提出发展森林康养产业是实行供给侧结构性改革的必然结果。范逸男等（2020）提出在人口老龄化背景下，依托第一、第二和第三产业，并同时融合了医疗、健康、旅游及文化的康养小镇模式，正逐渐成为新的社会养老服务供给模式。康养小镇作为新兴业态模式，除了可以缓解社会养老服务供给不足、提供高质量养老服务外，还对拉动经济增长、调整产业结构、解决劳动力就业等方面具有重要推动作用。

但整体上，目前对养老产业的研究还集中在基于自然禀赋条件开发以生态旅游为主的养老资源上，对其他产业养老资源的挖掘的关注还不够，其他产业参与养老产业市场还基本处于未系统开发阶段。

（四）现代技术对养老产业的影响研究

随着以信息技术和人工智能为特征的时代的到来，养老服务模式在现代技术的支撑下更快发展，养老服务迫切需要新模式和新业态（张园，2018），而“互联网+养老”成为打破养老发展瓶颈的新思维（潘峰等，2015）。睢党臣等（2020）构建了人工智能居家养老模式；王小荣等（2020）讨论了社区智慧居家养老系统构建模式；杨柯等（2020）分析了人工智能赋能下社区居家养老服务的具体模式；张锐昕等（2021）对“互联网+养老”服务智能化建设的条件限度和优化逻辑进行了论述；赵奕钧等（2021）探讨了人工智能驱动下智慧养老服务模式的构建。除研究养老服务模式外，也有一些学者对具体的智能化养老产品进行研究，如罗椅民等（2020）对智能适老辅具应用与发展的研究、睢党臣等（2021）对老年残疾人智能养老产品供给的研究等。

（五）养老产业政策研究

我国人口老龄化问题日益突出，以家庭养老为主的传统养老服务机制已经被打破，发展养老服务业、健全养老服务体系成为政府政策的重要内容。政府制定出台财政政策促进养老服务业发展，主要通过财政直接投资、财政补贴、购买服务、税收优惠等方式进行。但由于目前养老服务财政政策的有限性和中央与地方养老财政责任划分的不明确，我国养老服务相关政策的普惠性与激励性都还不足，尤其在促进养老产业发展的政策方面还基本处于空白。

在养老产业政策方面，相关学者已经开始了研究，如汤丁（2015）对养老产业发展的金融配套政策进行了研究，提出金融作为经济发展的引擎，应加强与养老产业的合作对接。在国内外养老政策比较方面，高宝霖等（2010）探讨了日本养老保险立法的演变对我国的启示；武锐等（2010）对日本养老保险制度进行了梳理；李珍等（2010）研究了瑞典的社会养老保障制度；赵勇等（2011）总结了美国和香港地区老年志愿者活动的经验及启示。

杨钊（2014）研究了法国养老服务的发展经验，提出我国应从完善社会保障制度、明确政府投入责任、加快发展养老服务产业、鼓励各种经营模式进入养老服务产业、完善养老服务产业人才培养体系五个方面入手，加快推动养老服务产业发展。

程承坪等（2018）对比分析了美国、德国、日本等发达国家的养老健康产业发展情况，指出完善法律法规支撑养老健康产业、发展多元化的养老健康产业、建设专业化的健康养老护理队伍、开拓智能养老健康产业、以金融和商业保险助推养老健康产业等成功经验都值得我国借鉴，同时提出发达国家发展养老健康产业的成功经验还需要结合我国国情加以改造和创新。

张博等（2019）认为新兴的智能养老产业作为当前积极老龄化的重要组成部分，为当前应对人口老龄化问题提供了新思路与途径，可从思想观念、整体规划、全员投入、法律法规等路径促进智能养老产业发展。

养老产业的发展应当依靠政府扶持与社会参与相结合的模式。对于人口老龄化的现状，政府与社会已有共识，然而对养老产业市场运作模式的研究还不明朗，各地政府也只是借助国外或少数一些地方的经验来构建养老产业的发展体系。到目前为止，我国学者还没有从政府引导和规范层面进行系统研究，提出一个合理的养老产业发展模式及建立一套养老产业市场运作的标准和规范。各级政府建立的老龄协会虽有对养老问题进行研究，但多数还局限在养老事业的发展层面，对养老产业的深入研究还很少，对养老产业市场运作模式的探讨还处于摸索阶段。

第二节　研究目标、内容与拟突破重点

一、研究目标

我国已经进入人口老龄化时代，老龄化来袭对我国社会、经济、家庭等带来了极大的冲击。面对数量庞大的老年群体，单靠政府的养老事业已经不能满足其日益增长和多样化的养老需求。我国急需通过大力发展养老产业来发展老年消费市场，而养老产业通过有效运营也能发展成经济建设的“朝阳产业”。养老产业是跨领域的产业，几乎融合了所有产业，任何一个产业都不可能单独实现养老产品和服务的完全供给，并且养老产业必须实现与老年人需求和养老模式的有效对接，而基于智能化的养老产业服务众包模式能有效破解我国养老产业发展瓶颈。本研究通过探讨养老产业服务众包运营体系与对策，构建多元的养老产业服务众包机制，希望为我国养老产业的发展提供决策参考。

二、研究内容

我国各地政府都在构建养老产业发展体系，并逐渐把养老产业纳入国民经济和社会发展的总体规划中。提出发展养老产业，要求积极培育老年消费市场，鼓励和扶持开发老年产品，引导企业生产满足老年人各种需求、门类齐全、品种多样、经济适用的老年用品。重视康复辅具、电子呼救等老年特需产品的研究开发。拓展适合老年人多样化需求的特色护理、家庭服务、健身休养、文化娱乐、金融、理财、保险等服务项目。优先发展养老护理、康复保健、社区服务、老年特殊用品等产业。大力发展老年旅游业，推出适宜老年人的旅游线路和服务项目。引导老年人更新消费观念和行为，促进老年消费市场的繁荣与发展。培育一批生产老年用品、用具和提供老年服务的龙头企

业，打造一批养老产业知名品牌。养老产业涉及多个产业领域，通过养老产业服务众包模式在信息共享、技术交融、精准消费等方面大力促进养老产业经济的发展。

（一）主要内容

1. 分析我国老年群体的养老需求和养老市场的现状

本研究通过分析养老产品和服务的供需及养老市场的现状、总结养老需求的类别，以期能使多样化的养老需求催生多样化的养老市场。养老产业作为满足老年人这一特殊群体需求的产业，还需要接受政府的支持、调控与监督，其目标是使养老产业的发展既能满足多样化的养老需求，又能带动我国经济发展。

2. 构建养老产业服务众包模式

本研究通过对养老产业市场需求方与供给方的调研，确定养老产业市场需求的内容，分析需求的标准和要求，为建立养老产业市场信息服务平台提供实践基础。我国产业经济已经发展到一定水平，尤其是信息技术在产业经济中得到广泛应用，应从高起点统筹规划我国养老产业发展体系，而服务众包模式是产业升级发展的运营模式。本研究提出基于智能化的养老产业服务众包模式能有效利用现代信息技术如数据挖掘、云计算、人工智能、物联网等，整合养老产业市场的供需双方，带动更多的产业进入养老产业，并逐渐形成养老产业的服务体系。

在养老产业服务众包模式下，企业成为养老产品和服务的主要提供者，政府对企业给予政策方面的引导和支持。由政府委托构建养老产业市场信息服务平台，提供养老产品和服务的企业可以借助这一平台来整合其他的社会资源，进而提升自身产品和服务的专业化与标准化水平。

3. 构建养老产业服务众包运营体系与对策

本研究提出构建以市场需求及市场产品和服务供给为主，以政府政策引导与支持为辅，以养老产业市场信息服务平台为载体的养老产业服务众包模式，希望能为我国养老产业的发展拓宽思路、开辟新途径。在该模式下，政府搭建公共服务平台，养老服务需求方通过该平台寻求产品或服务，养老产业相关企业通过该平台提供养老服务机构所需的产品或服务，从而使需求方与供给方全部置身于市场中，让市场发挥主导作用。在养老产业市场中，构建养老产业服务系统，内容包括养老专用产品研发系统、养老健康咨询服务系统、养老日常家政服务系统、养老医疗保健康复服务系统、养老娱乐休闲服务系统、养老金融保险服务系统、老年人力资源开发利用系统、养老其他需求服务系统等。

4. 构建多元的养老产业服务众包机制

我国发展养老产业服务众包模式需要从商业模式、供给机制、投融资机制、组织机制、保障机制等多元角度创新。目前，很多产业和投资对养老产业市场的认识还不足，养老产业的供给机制、组织机制和投融资机制还没有建立起来。因此，本研究通过对养老产业服务众包模式发展过程中所需的商业模式、供给机制、投融资机制、组织机制和保障机制的研究，为建立社会各类主体积极参与的智能化养老产业，提出了多元的养老产业服务众包机制。

（二）主要观点

养老产业服务众包模式就是建立公共的养老产业市场信息服务平台，整合全社会的相关资源，实现信息共享，在竞争中合作，在合作中竞争，使养老产业规范化、集成化，为老年人提供更全面的服务。

（1）满足老年人的养老需求需要养老事业与养老产业协同发展，需要人人参与养老，所有行业参与养老，并应该首先关注养老服务。

（2）养老产业服务众包模式是建立在信息技术平台上的服务模式，构建以“服务云—水滴系统”为载体的服务众包模式，打造“政府—企业—老年消费者”服务系统，为养老问题的解决提供可供借鉴的方案。

（3）基于养老模式的构建提出养老产业服务众包发展的对策，

促进企业积极参与养老产业的发展，构建丰富多样的养老产业服务系统，使养老产业规范化，养老市场经济在政府宏观引导下有序发展。

（4）养老产业服务众包能使现代技术更快更广地应用到养老产业中。养老产业涉及的行业众多，几乎所有制造产业和服务产业都与养老产业有密切的联系，随着大数据、人工智能、物联网等信息技术的大力发展，通过服务众包能让更多的产业关注养老市场，发展养老产业，智能化将促进养老产业快速发展。

三、拟突破重点

本研究的重点是养老产业服务众包模式的构建和智能化助推养老产业的快速发展。服务众包作为新型产业模式已经在电子商务、供应链管理、信息技术和社会服务中得到广泛运用，服务众包具有令人满意的高性价比，在有效整合企业资源等方面的优势已显现。世界上的一些国家和我国的一些城市在养老产业中运用了服务众包模式，但总体来说这种模式的运用还比较有限，本研究希望能在养老产业服务众包模式上有所突破，为我国养老产业的发展献计献策。

从可行性方面来看，随着人们生活水平的提高，更多老年人选择社区居家养老，但服务供给不足、质量跟不上、找不到专业人员等成为我国社区居家养老发展面临的现实难题，虽然政府投入了资金、社区承担了服务，但由于服务不专业、不系统，很多养老服务流于形式，最终造成资源浪费。采用服务众包模式，可以有效利用社会资源，使养老产业专业化、系统化。养老产业物联网、养老产业电子商务、养老产业呼叫中心、养老产业金融服务、养老产业健康服务、养老产业娱乐服务、养老产业智能服务等都可以以服务众包模式运营。养老产业存在着巨大的市场潜力，未来政府、社区及老年人本人将有更多的业务会通过服务众包模式交给更专业的行业服务机构运营，最终实现政府、社区、服务机构、家庭等多方满意与共赢。

在政府推动、行业协会协调与大企业带动下，构建养老产业服务众包模式，能整合众多专门生产养老产品和提供养老服务的具有分工合作关系的企业，以及与其发展有关的各种机构（如行业协会）等行为主体，形成一个产业空间组织平台，利用共享的信息平台可实时发布养老产品和服务供需信息，并由行业企业提供解决方案，从而快速有效地解决老龄化社会的各种需求问题。

（1）充分发挥政府在养老产业服务众包中的引导和推动作用。政府是服务众包系统中的重要组成部分，在培育服务众包市场力量、鼓励服务众包内部企业良性竞争、提供培训和基础设施等方面发挥重大作用。由于养老产业具有特殊性、综合性、微利性等特点，政府在发展养老产业服务众包中的作用尤为重要。通过养老产业服务众包助推社会逐步建立“以居家养老为基础、社区养老为依托、机构养老为支撑、互助养老和志愿服务为补充，资金保障与服务保障相匹配，基本服务与选择服务相结合”的城乡一体化社会养老服务体系。

（2）发挥行业协会的协调和服务功能。行业协会也是服务众包的参与主体之一，对服务众包的健康发展意义重大。在养老产业服务众包中，行业协会的作用主要体现在：第一，提供信息服务。行业协会具有专门的信息搜集渠道、专业的人才队伍、半官方的背景和非营利的性质，因此行业协会提供的信息质量更高，能降低单个企业搜寻信息的成本。第二，具有协调功能。行业协会的协调功能体现在服务众包系统内企业与企业之间的协调、养老产业内不同领域之间的协调及养老企业与政府之间的协调。

（3）注重大企业的“牵引”和带动作用。服务众包的形成通常都需要有一个或几个关键企业，通过这个或这几个关键企业的衍生、裂变、创新与被模仿而逐步形成服务众包。养老产业服务众包也不例外，尤其是现阶段我国养老产业发展还处于起步阶段，很多企业尤其是中小企业对进入养老市场还处于观望阶段，想法多但行动少。因此，迫切需要实力雄厚的大企业率先进入养老市场，起带头作用，以吸引中小企业加入和仿效，进而发展成服务众包。

（4）大力引导智能化企业进入养老产业。养老产业的供需对接需要大数据支撑，养老产业会助推地方数字经济的发展。越是智能的，越是简单，要使具有健康监测、出行定位、紧急呼救等功能的相关设施设备在老年群体中得到应用，就必须大力发展养老产业中的智能产品、信息实时监测与传输系统及智能反馈与联网系统。智能化养老产业的发展将为老年人幸福养老提供重要的技术支撑。

第三节　研究思路与方法

一、研究思路

养老需求的多元化趋势已经很明显，面对日益增长和多样化的养老需求，我国要尽快发展养老产业，重点开展养老产业的供给侧结构性改革。我国的养老产业主要是基于社区居家养老模式发展起来的，针对社区居家养老模式的分散性、多元性、多层次性等特征和智能化大力助推养老服务的发展，本研究提出了养老产业服务众包模式，并在研究实施养老产业服务众包模式的可行性、需要解决的问题等的基础上提出了养老产业服务众包的运营体系与对策，同时构建了多元的养老产业服务众包机制。

二、研究方法

（一）调查法

采用问卷调查、访问调查等形式，在典型城市选取样本，调查老年人的养老需求及其结构；选取老龄协会等机构进行政策和措施的征集与研讨；对养老服务机构及相关的养老产品或服务提供企业进行调研。

（二）经验总结法

许多发达国家，如日本、德国、瑞士、美国等，它们的养老服务已经有一套完善的机制，通过文献资料的收集，对发达国家的先进经验进行研究，希望能找到可供我国借鉴的模式。

（三）探索性研究法

以将服务众包模式运用于养老产业为研究的出发点，并进行探索性分析，希望能找到适合我国养老产业的服务众包模式。

第四节 研究贡献

养老产业服务众包模式研究是一项理论性与实践性紧密结合的研究，其理论贡献与实践贡献相辅相成，这也使研究成果的严谨性和可行性更具说服力。

一、理论贡献

通过对养老服务模式和服务众包模式的研究，尤其是对理论基础和思想价值的研究，可以清楚地发现，养老服务具有分散程度高、需求广的特征，而服务众包的发展需要信息技术平台的支撑，服务众包蕴含着共享、公用的思想，两者的联合正好能够很好地回答养老产业发展中的瓶颈问题与可行性问题。

二、实践贡献

本研究为实证性研究，通过提出养老产业服务众包模式及其运营对策，开展实际调研并总结经验，希望能为我国有效解决养老的现实问题，并在养老市场经济中实现政府—企业、社区—家庭、市场—供需等多方面的共享共赢提供思路和参考。

第二章 养老服务需求与趋势

第一节 人口老龄化及其趋势

一、人口老龄化

（一）人口老龄化的概念

人口老龄化是指由于人口生育率降低和人均寿命延长，在总人口中年轻人口数量相对减少、老年人口数量相对增加，从而导致老年人口所占比例相应增长的一个动态变化过程。

根据1956年联合国《人口老龄化及其社会经济后果》确定的划分标准，当一个国家或地区65岁及以上人口占总人口的比重超过7%时，即意味着这个国家或地区进入老龄化社会。1982年，维也纳老龄问题世界大会确定一个国家或地区60岁及以上人口占总人口的比重超过10%时，即意味着这个国家或地区进入老龄化社会。

（二）世界人口的老龄化

由于医学水平的提高，人类的平均寿命也在逐渐提高，据联合国预测，人类的平均寿命在2000年达到66岁，比1950年延长了20年，并且随着科技、经济的发展，未来50年人类的平均寿命还将继续延长。21世纪上半叶人口的迅速增长，将促使世界60岁及以上人口的比例由2000年的10.0%上升到2025年的15.1%，这个数据到

2050年将突破21%，世界65岁及以上人口的比例将由2000年的6.9%上升到2025年的10.5%，2050年将突破16%，世界人口年龄的中位数则将由2000年的26.8岁增长到2025年的32.8岁，2050年将达到37.8岁。

发达国家，即那些医疗技术先进、社会经济发达、人民健康水平相对较高的地区，其老龄化程度比世界平均水平更严重。

1. 美国人口的老龄化

由于科技水平和经济水平对人类寿命延长具有极大的影响，美国的老年人口数量一直在平稳增长，早在20世纪40年代，美国就进入了老龄化社会。据相关机构预测，到2050年，美国80岁及以上人口将接近2 000万人，比1995年增加约5倍，并且百岁老人可能成为常态。老龄化给美国政府和社会带来了不小的压力。

2. 日本人口的老龄化

日本是世界老龄化最严重的国家。早在20世纪70年代，日本就进入了老龄化社会。日本的老龄化还体现出高龄化特征，据世界卫生组织2019年的数据显示，日本人口平均寿命为84.3岁，全球排名第一。根据日本内阁府在2019年发布的《高龄社会白皮书》，日本人口中65岁及以上人口的比例为28.4%，预计到2050年65岁及以上人口将占到人口总数的三成，随着出生率的下降，问题将更加严峻。日本的老龄化速度也是最快的，1960年到1990年，美国老年人口增加了3.3%，而日本增加了6.4%。20世纪末，低出生率对日本政府和日本的社会服务提出了挑战。

3. 欧洲人口的老龄化

欧洲各国的人口状况基本都表现出寿命越来越长、生育率越来越低的趋势。据联合国预计，到2050年欧洲人口将减少5%，欧洲整体平均年龄将达到47岁，欧洲人口老龄化将严重影响到欧洲各国的劳动力。意大利是世界老龄化第二严重的国家，2019年意大利65岁及以上人口占比为23%。德国是世界老龄化第三严重的国家，据德国联邦统计局2019年的数据显示，德国60岁及以上人口占比约为27.4%，65岁及以上人口占比约为21.1%。法国、英国老龄化程度在全球排名第四和第五，2019年其65岁及以上人口占比分别为20%和19%。

4. 韩国人口的老龄化

人口老龄化已成为影响韩国经济社会发展的重大挑战。在过去的20年间，韩国老年人口占总人口的比重呈快速上升态势。2000年，韩国65岁及以上人口占总人口的比重达到7.2%，标志其已经进入老龄化社会。2018年，韩国65岁及以上人口占总人口的比重超过14%，即韩国从老龄化社会进入了老龄社会。据《韩国先驱报》2021年的数据显示，韩国65岁及以上人口占总人口的比重已经上升至16.6%，为历史最高纪录，同时首次出现了30—39岁人口少于60—69岁人口的情形。预计到2025年，韩国65岁及以上人口占总人口的比重将达到20.3%，这意味着韩国即将进入超老龄社会。在20世纪60年代，为了实现经济的快速发展，韩国实行了长达30年的控制生育政策，这导致韩国生育率出现断崖式下降。韩国快速老龄化、高龄化和少子化与我国有很多相似的地方，因此研究韩国老龄化及韩国养老服务对我国养老服务的发展具有借鉴意义。

（三）我国人口的老龄化

当前，我国的人口老龄化在不断加剧，尤其是人口老龄化带来的社会经济问题已经成为我国政府、社会、家庭关注的重点。进入21世纪，我国已处于老龄化社会，并且老龄化程度在逐年加深，从第五次、第六次、第七次全国人口普查数据可以明显看出，人口老龄化和高龄化已经成为我国现阶段及今后相当长一段时间内面临的重要社会经济问题之一。

二、我国人口老龄化趋势分析

近年来，我国老年人口所占的比重在迅速增长，我国基本以年均800万的老年人口净增量在加速老龄化，预计到2050年，我国60岁及以上人口将达到4.83亿人，80岁及以上人口将达到1亿人。到2050年左右，我国老年人口规模、老龄化程度及高龄化程度都将达到世界最高水平。

（一）人口老龄化速度加快

我国老年人口基数大，人口老龄化进程快。2010—2020年，我国60岁及以上人口的比重上升了5.4个百分点，65岁及以上人口的比重上升了4.6个百分点，与2000—2010年这十年相比，上升幅度分别提高了2.5个百分点和2.8个百分点，如表2-1所示。从老龄化社会进入老龄社会，法国用了115年，美国用了65年，德国用了45年，日本用了24年，韩国只用了18年，据世界卫生组织预计，我国将在2025年进入老龄社会（历时25年），我国为老龄化做准备的时间非常短促。同时，我国人口老龄化的城乡差距明显，据第七次全国人口普查结果显示，全国乡村60岁及以上、65岁及以上人口的比重分别为23.81%、17.72%，比城镇分别高出7.99个百分点和6.61个百分点。我国人口老龄化还存在区域差距，全国60岁及以上人口有2.6亿人，其中65岁及以上人口有1.9亿人。全国31个省（自治区、直辖市）中，有16个省（自治区、直辖市）的65岁及以上人口超过了500万人，其中有6个省的65岁及以上人口超过了1 000万人。

表2-1　我国近20年总人口和老年人口数量变化情况

年份	总人口/万人	60岁及以上		65岁及以上		80岁及以上	
		人口/万人	占比/%	人口/万人	占比/%	人口/万人	占比/%
2000	124 261	12 998	10.46	8 829	7.11	1 199	0.96
2010	133 282	17 759	13.32	11 892	8.92	2 098	1.57
2020	141 178	26 402	18.70	19 065	13.50	3 580	2.54

数据来源：根据国家统计局人口统计数据整理计算而成。

注：本专著中的全国人口合计不包括香港特别行政区、澳门特别行政区和台湾地区的人口数。

（二）“未富先老”日益突显

改革开放40多年，我国经济高速增长，已经成就了“中国奇迹”。与此同时，我国人口平均年龄增长幅度也高于发达国家同期水平，我国出现了“未变富先变老”的局面。我国的社会基本养老保障体系和医疗保障体系还不健全，农村养老事业发展明显滞后。

当前，我国大中城市老年空巢家庭率已达到70%。我国有1 600万农村留守老人，有4 000万失能老人，其中400多万老人属于完全失能。

我国遭遇的是“未富先老”的社会局面。目前，我国还没有进入高收入国家行列，人均GDP仍处于较低水平，仅为发达国家平均水平的20%左右，但我国老龄化程度已接近发达国家水平。很多发达国家虽然也进入了老龄化社会，但老年人基本是富裕的，他们有固定的工资收入，并且随着年龄的增长，工资还在不断提高，等他们退休后，能够享受到的社会养老保障也比较全面，同时，老年人一般都还有一定的资产积累，有相对稳定的资产性收入。但我国的老年人相对不太富裕，有些农村的老年人缺少基本养老金和资产性收入，所以在整个社会“未富先老”的情况下，我国的养老任务也就更加艰巨。

三、我国老龄社会特征分析

面对庞大的老年群体和“未富先老”的社会局面，随着我国经济社会的发展，尤其是产业结构的调整，在全球经济一体化的大环境下，我国正在运用先进技术探索新的经济增长点。为了应对人口红利消失的挑战，我国正推动从产品贸易向价值链贸易转变，从劳动密集型产业向知识密集型产业转变，从供给侧向需求侧转变，加快构建“以国内大循环为主体、国内国际双循环相互促进”的新发展格局。经济的发展为我国老龄社会的到来提供了经济保障，同时经济的发展也带来了老龄社会的“新社会化”特征。

（一）养老社会福利不断提升

我国的社会福利制度建立于20世纪50年代。从中华人民共和国成立初期到1978年改革开放前，我国养老以家庭养老为主，城镇由单位职工福利养老，农村完全靠家庭成员养老，国家负责城乡孤寡老人的赡养。从1978年改革开放到2000年，改革开放带来了思路与观念的重大转变，我国不断探索“社会福利社会化”的解决思路。在养老方面，1993年民政部等14部委联合下发《关于加快发展社区服务业的意见》，首次提出“养老服务”概念，说明养老具有独立性和社会性。2000年，民政部等11部委联合下发《关于加快实现社会福利社会化的意见》，提出我国社会化养老的需求迅速增长，构建了城市和农村推进社会福利社会化的不同目标。2008年，全国民政工作会议首次提出“以居家为基础、社区为依托、机构为补充”的社会养老服务体系。2012年，《中华人民共和国老年人权益保障法》修订版从法律层面明确了社会养老服务体系的主要内容。2013年至今，我国养老服务业不断多样化地发展。

（二）养老传统观念正在更新

随着我国正式进入老龄化社会，尤其是“养儿防老”受到计划生育政策少子化家庭结构的冲击，老年人的养老观念正在发生转变。自2000年以后，我国老龄化进程加快和家庭小型化趋势明显，空巢老人大量增加，家庭代际养老功能逐渐弱化，代际关系在供养、居住、照料、交往、沟通等方面都发生了深刻变化。随着居家养老、社区养老、机构养老的社会养老服务体系逐渐健全，老年人收入水平的提高，以及农村养老补贴与医疗保险制度的逐步出台，城乡老年人逐渐接受了社会养老模式。

第二节　养老服务现状

一、我国老年人口特征

（一）我国老年人口数量特征

人口老龄化、老龄人口高龄化、高龄人口空巢化已成为我国老年人口的典型特征，对我国经济社会发展提出了严峻挑战。我国老年人口规模庞大，老龄化进程明显加快。同时，我国老龄化水平存在城乡差异和区域差异，全国乡村老年人口的比重明显高于城镇老年人口的比重，各个地区老年人口的比重存在差异，辽宁、重庆、上海等地老年人口的比重排名全国前列（表2-2），出现差异的原因除经济社会原因外，与人口流动也密切相关。

表2-2　全国分地区65岁及以上人口数量和占比情况

地区	2000年			2010年			2020年		
	总人口/万人	65岁及以上人口/万人	占比/%	总人口/万人	65岁及以上人口/万人	占比/%	总人口/万人	65岁及以上人口/万人	占比/%
全国	124 261	8 829	7. 11	133 282	11 892	8. 92	141 178	19 065	13. 50
北京	1 357	114	8. 40	1 961	171	8. 72	2 189	291	13. 30
天津	985	83	8. 43	1 294	110	8. 50	1 387	205	14. 75
河北	6 668	470	7. 05	7 185	592	8. 24	7 461	1 039	13. 92
山西	3 247	206	6. 34	3 571	271	7. 59	3 492	450	12. 90
内蒙古	2 332	128	5. 49	2 471	187	7. 57	2 405	314	13. 05
辽宁	4 182	330	7. 89	4 375	451	10. 31	4 259	742	17. 42
吉林	2 680	162	6. 04	2 745	230	8. 38	2 407	376	15. 61
黑龙江	3 624	202	5. 57	3 831	317	8. 27	3 185	497	15. 61

续表

地区	2000 年			2010 年			2020 年		
	总人口/万人	65岁及以上人口/万人	占比/%	总人口/万人	65岁及以上人口/万人	占比/%	总人口/万人	65岁及以上人口/万人	占比/%
上海	1 641	188	11.46	2 302	233	10.12	2 487	405	16.28
江苏	7 304	646	8.84	7 866	856	10.88	8 475	1 373	16.20
浙江	4 593	410	8.93	5 443	508	9.33	6 457	857	13.27
安徽	5 900	448	7.59	5 950	608	10.22	6 103	916	15.01
福建	3 410	228	6.69	3 689	291	7.89	4 154	461	11.10
江西	4 040	253	6.26	4 457	339	7.61	4 519	537	11.89
山东	8 997	731	8.12	9 579	943	9.84	10 153	1 536	15.13
河南	9 124	648	7.10	9 403	786	8.36	9 937	1 340	13.49
湖北	5 951	382	6.42	5 724	520	9.08	5 775	843	14.59
湖南	6 327	473	7.48	6 570	642	9.77	6 644	984	14.81
广东	8 523	526	6.17	10 432	709	6.80	12 601	1 081	8.58
广西	4 385	320	7.30	4 602	425	9.24	5 013	612	12.20
海南	756	51	6.75	867	70	8.07	1 008	105	10.43
重庆	3 051	245	8.03	2 885	338	11.72	3 205	547	17.08
四川	8 235	623	7.57	8 042	881	10.95	8 367	1 417	16.93
贵州	3 525	210	5.96	3 475	303	8.72	3 856	446	11.56
云南	4 236	258	6.09	4 597	351	7.64	4 721	507	10.75
西藏	262	12	4.58	300	15	5.00	365	21	5.67
陕西	3 537	218	6.16	3 733	318	8.52	3 953	527	13.32
甘肃	2 512	131	5.21	2 558	211	8.25	2 502	315	12.58
青海	482	22	4.56	563	35	6.22	592	51	8.68
宁夏	549	25	4.55	630	40	6.35	720	69	9.62
新疆	1 846	86	4.66	2 182	141	6.46	2 585	201	7.76

数据来源：根据国家统计局人口统计数据整理计算而成。

注：2020 年的总人口包括 31 个省、自治区、直辖市和现役军人的人口。

（二）我国老年人口质量特征

我国老年人口质量不断提高，主要表现为：其一，老年人口受教育程度在不断提高，拥有高中及以上文化程度的老年人口占总人口的比重明显上升，如表 2-3 所示；其二，我国人口预期寿命也在持续延长，80 岁及以上人口占总人口的比重明显增加，如表 2-4 所示。

表 2-3　我国老年人口受教育情况

年份	60 岁及以上人口/万人	60 岁及以上拥有高中及以上文化程度		65 岁及以上人口/万人	65 岁及以上拥有高中及以上文化程度	
		人口/万人	占比/%		人口/万人	占比/%
2000	12 998	803	6. 18	8 829	401	4. 54
2010	17 759	1 613	9. 08	11 892	1 012	8. 51
2020	26 402	3 669	13. 90	19 065	—	—

数据来源：根据国家统计局人口统计数据整理计算而成。

表 2-4　我国 80 岁及以上、90 岁及以上人口数量和占比情况

年份	总人口/万人	80 岁及以上		90 岁及以上	
		人口/万人	占比/%	人口/万人	占比/%
2000	124 261	1 199	0. 96	97	0. 08
2010	133 282	2 098	1. 57	198	0. 15
2020	141 178	3 580	2. 54	—	—

数据来源：根据国家统计局人口统计数据整理计算而成。

二、我国养老服务现状

养老服务就是为老年人提供必要的生活服务，满足其物质生活和精神生活的基本需求。养老服务是一项比较复杂的社会服务，其复杂性表现在养老需求的复杂性、购买服务的主体与对象的复杂性、养老市场和行业标准的复杂性等方面。

（一）养老需求的复杂性

按照不同的划分标准，可将老年人划分为不同类型，如城镇老年人和农村老年人、不同收入层次的老年人、不同性格偏好的老年人、身体健康程度不同的老年人、受教育程度不同的老年人、不同职业地位的老年人等，所有这些不同类型又可以相互交叉组合，从而形成更复杂的不同类型的老年人。总体而言，不同类型的老年人在养老服务需求方面呈现出多样化、多元化特征，对物质生活、医疗服务、精神文化等方面提出了不同要求。我国传统的养老模式是家庭养老，多数老年人受传统习俗和惯性思维的影响，认为养老由子女提供才表现为幸福，如果被送入养老机构或托老机构，则是自己人生的失败，所以通过社会提供养老服务还需要落脚在居家养老的形式上。而居家养老是遵循老年人养老的传统习惯和解决养老社会资源严重不足问题的最佳养老模式。

（二）购买服务的主体与对象的复杂性

由于老年人口基数庞大，现阶段养老机构只能承担福利性、保障性的机构养老职责，更多的老年人只能选择居家养老。近年来，我国的社会生活发生了深刻变化，子女因要赡养多位老人而没有过多的时间和精力去关注他们的心理和精神健康，尤其是高龄、空巢、孤独、病残状态的老年人，如果无法获得社会支持，居家养老潜在的风险会很大。另外，随着老年人需求的多样化，只有构建起运营良好、服务全面的居家养老社会服务支撑体系，居家养老才能真正实现。

现阶段，我国的养老服务还处于起步阶段，政府扶持仍旧为主要的养老服务发展模式，政府通过公开招标或直接拨款资助的形式购买养老服务。目前，政府购买养老服务主要有公建民营、民办公助、服务外包和服务券四种形式（表 2-5）。

表 2-5　政府购买养老服务的类别与形式

购买形式	购买服务类别	机构所有权	购买内容	购买方式	受补贴方
公建民营	机构养老服务	政府	机构运营+服务项目	资金支持	生产者
民办公助		民间组织	机构开办+机构运营	资金支持	生产者
服务外包	社区居家养老服务或机构养老服务	政府	服务项目	资金支持	生产者
服务券		政府	服务成本	代币券	使用者

资料来源：章晓懿. 政府购买养老服务模式研究：基于与民间组织合作的视角 [J]. 中国行政管理，2012（12）：49.

在养老服务发展模式上，除了政府扶持外，近年来也出现了多种养老互助新模式，如为了防止老年人出现心理危机而形成的生活互助会和情感互助会；有些地方社区推行时间银行模式，用时间而不是金钱度量为老年人服务的劳动；让健康的老年人帮助体弱多病的老年人；由特殊群体形成的病友会，病友们相互督促服药、锻炼和相互安慰；等等。但这些模式目前多数还处于老年人自发组织的阶段，不具有稳定性和可持续化的特征，使用范围相对有限。

（三）养老市场和行业标准的复杂性

养老市场是基于老年人需求提供产品和服务的市场。目前，养老市场主要是中青年市场的边缘市场，专属老年人的市场体量非常有限，养老市场还很不健全。养老需求涉及诸多产业，但目前很多产业还没有涉足养老产业，而且养老产业的行业标准还比较缺乏。

第三节　养老服务需求类型

一、养老服务需求层次类型

美国著名社会心理学家亚伯拉罕·H. 马斯洛（Abraham H.

Maslow）提出的“需求层次理论”指出，人有五个层次的需求，即生理需求、安全需求、情感和归属需求、尊重需求及自我实现需求，各种需求之间有先后顺序和高低层次之分；每一层次的需求及其得到满足的程度，将决定个体人格发展的境界或程度。养老服务的发展也符合这一需求层次理论，老年人首先需要满足生理需求，即解决温饱问题，然后才会对安全、情感、尊重、自我实现等展开追求。随着社会供给能力的提高，老年人对生活照料、精神慰藉等方面的要求会不断提升。

随着经济文化的发展，老年人需求的多样化也促使养老服务多元化。目前，养老服务基本类型包括基础生活保障型服务、附加享受型服务、自我价值实现型服务等。

（一）基础生活保障型服务

基础生活保障型服务即保障老年人基本生活的服务，如向高龄、生活不便、不能独立生活的老年人提供生活护理、医疗护理等服务；为解决失能、半失能老年人吃饭难问题，提供助餐服务或买菜服务。对于这部分老年人来说，基础生活保障型服务是急迫的、不可或缺的服务。

（二）附加享受型服务

“新一代”老年人与“老一代”相比呈现出诸多新的特点，“新一代”老年人不再以“下一代”为中心生活，而是对自己的生活有了一定的要求和追求，应运而生的附加享受型服务开始逐步成为养老服务的重要内容。如养老旅游等，虽然不是生存必需的服务，却是可以增加生活幸福感的服务，老年人也越来越愿意为这类服务买单。另外，过去老年人对日常健康管理、医疗保健、社区康复、医养康养结合等服务关注不多，现在这些服务逐渐成为老年人关注的热点。

因此，随着生活水平和经济能力的提高，原来的附加享受型服务逐渐成为基础生活保障型服务，成为老年生活必需的一部分。正如马斯洛的需求层次理论所阐述的那样，在低层次的需求得到满足以后，另一种更高层次的需求就会占据主导地位，成为主导需求和驱动人的行为的主要动力。

（三）自我价值实现型服务

很多老年人不甘心自己年老或退休后变得“无用”，希望在社会上继续发挥“余热”，有些健康有工作和社会经验的老年人愿意被返聘，从工作中寻找乐趣；有些具备某项技能的老年人愿意在专业领域继续做研究或做培训工作；有些老年人根据自己的兴趣爱好发挥特长优势，帮助其他老年人或青少年培养兴趣爱好；有些老年人通过老年大学等学习自己曾经想学但没有学到的知识或技能。总之，自我价值实现型服务可以让更多老年人老有所怡、快乐养老。

二、养老服务需求内容类型

从需求内容来看，养老服务包括物质层面的服务、照料与医疗层面的服务、精神慰藉层面的服务等。

（一）物质层面的服务

老年人的生理需求主要体现在物质层面的需求上，基于与老年人基本生活密切相关的衣、食、住、行、用等方面的物质需求，提供丰富的、有针对性的、适用的养老服务是目前养老服务最基本的发展目标，但这一目标的实现还需要走很长的路。在日常养老服务中，经常能看到有些中高龄、行动不便、居住在养老院的老年人流露出对物质生活的担忧，如对饮食不合理、老年用品不顺手等的担忧。老年人对物质的要求明显不同于年轻人，如饮食要求清淡或符合特殊身体需要；衣服强调质地舒适比款式更重要；老年人对智能操作不熟悉，年轻人觉得手机越智能使用越简单，老年人却觉得智能手机使用不方便。此外，在养老服务过程中，养老辅助器具，如机构养老的老年床、呼叫设备、智能穿戴设备等都对养老物质层面的供给提出了广泛的要求。

（二）照料与医疗层面的服务

老年期是疾病的多发期，如高血压、糖尿病、颈椎炎、心脏病等都是老年人的高发疾病，而且这些疾病多属于慢性疾病，一旦患上，它们将会伴随老年人直至其生命的终点，老年人往往会长期受病痛折磨。随着年龄的增长，老年人的体质逐渐下降，对他人照料的依赖逐渐增强。从调查结果来看，照料服务的质量直接影响着老年人的生活质量，虽然我国很多地方政府都提供了类似养老的助餐服务、家政服务等普惠照料服务，但目前这些服务的针对性还不强，相应的服务标准也还没有建立，对于特殊群体的照料服务，基本上还是依靠医疗机构和养老机构来提供。目前，我国养老照料服务和医疗服务的覆盖面还比较窄，远远不能满足需求，社区卫生服务中心的养老服务功能还没有完全建立。

（三）精神慰藉层面的服务

早在20世纪80年代初，西方一些较早进入老龄化社会的福利国家，如丹麦、瑞典等，就基于自己的教训告诫世人，要反对养老中的唯设施主义，在为老年人提供基本生活保障的同时，更要重视满足其精神层面的需求。随着经济水平的提高和城市生活条件的改善，精神层面的需求成为城市老年群体更为迫切的需求，“文化生活”和“情感安慰与鼓励”是老年人需求的重点。居住方式的改变、代际差异的拉大、娱乐项目的缺乏、沟通能力的缺失是老年人陷入孤独寂寞困境的主要原因。

2018年12月修正的《中华人民共和国老年人权益保障法》中增加了“与老年人分开居住的家庭成员，应当经常看望或者问候老年人”“用人单位应当按照国家有关规定保障赡养人探亲休假的权利”等内容。精神慰藉需求在养老服务层面表现为情感服务、娱乐服务、心理健康服务等。通过陪聊、提供心理咨询服务、组织开展老年文体娱乐活动等来为老年人提供精神食粮。

三、养老服务需求特征

（一）养老服务需求多样化

老年人的经济来源呈现多元化，子女的经济支持、社会补助和补贴、个人劳动收入是老年人的主要经济来源。在经济来源得到可靠保障的前提下，老年人会有更高层次的消费愿望，物质需求和精神需求都会有极大增长。同时，老年人消费观念在不断更新，老年人变得越来越愿意去消费，购买养老服务的积极性和主动性也在不断增强。

（二）购买养老服务的经济能力增强

养老金融服务能增强老年人的经济能力，发展养老金融服务能有力促进养老服务的整体发展。欧美国家大多采用养老保险的方式负担养老费用，养老保险品种多样。部分银行也专门针对有闲钱的老年人开发理财服务，让老年人群的经济收入稳步提升。老年人有了闲钱，购买力水平也得到相应提升。

（三）养老服务供给与市场需求脱节

目前，老年人有资金、有时间、有需求充实自身的闲暇生活，但是当前的养老服务仍旧处在较低水平，即停留在满足老年人的基本生活需求上。许多地区的养老院或虚拟养老院提供服务的对象主要集中于高龄、生活自理能力较差的老年人，而对于身体条件较好的老年人则主要是“放任自流”，这部分老年人要么购买面向中青年的服务进行消费，要么采取回避社会的生活方式进行消极应对。

（四）养老服务亟待标准化与市场化

现有的养老服务主要集中在高龄老人看护、金融理财等领域，缺少监督机制，常出现老年人上当受骗的现象，还有部分公司采取“打擦边球”的策略，忽悠老年人消费。老年人由于脱离工作岗位，子女不能长期陪伴，很可能因为信息闭塞对部分养老服务进行非理性消费，从而导致养老服务消费收不到预期效果甚至产生负面效应，直接影响老年人的下一次消费。当前，社会上已有部分机构开始提供养老服务，但这些养老服务还不具有系统性和稳定性，还不能很好地满足老年人的需求，甚至还挫伤了老年人消费的信心，基础生活保障型养老服务大部分仍需要依靠政府投入。受传统思想观念的影响，大多数老年人愿意过节衣缩食的生活，正常的消费习惯还没有养成。为了能够对养老服务进行推广，必须尽快对养老服务进行标准化、市场化建设。

第四节　养老服务趋势

当前，我国养老观念已经发生改变，尤其是随着经济和技术的快速发展，老年人对养老服务的要求在发生改变，追求健康快乐、高品质的养老成为主旋律，老年人更加注重幸福养老。

一、追求健康快乐的养老

从人的本质需求来看，健康与快乐是所有年龄段的人共同的生活追求，健康是每个人身体功能层面的要求，快乐是每个人精神层面的要求。

"养儿防老"的家庭观念正在改变。随着社会压力的增大、人口流动的频繁，儿女很难做到陪伴在老人身边，即使是农村老人，也面临着子女外出务工不能留在家里专门照顾的困境。老年人愈加关注自己的身体健康，尤其是随着经济水平的提高，老年人对身体保养的需求可以得到更好的满足。因为健康长寿能让老年人享受更多人间的美好，所以老年人越来越追求健康养老，与健康养老相关的知识、技能、饮食、锻炼等也成为老年人的新追求。

健康养老是基础，快乐养老是目标。快乐养老是一种生活方式，能让老年人生活得充实，感受到被尊重和实现自我价值。快乐虽然是一种主观感受，但快乐基本上都是与充实生活、享受美好联系在一起的。例如，越来越多的老年人热衷于旅游，认为在旅途中不仅能在视觉上感受自然风光的美好，还能在风景优美的地方享受当地美食，所以现在康养产业的发展很多都是利用当地的自然资源禀赋优势。另外，老年人退休后可自由支配的时间充足了，有更多的空余时间发展自己的兴趣爱好，享受生活乐趣，如钓鱼、练书法、摄影、跳舞、唱歌等，做自己喜欢的事情，让自己感受快乐、享受美好。

二、追求高品质的养老

生活品质是指人们日常生活的品位和质量。追求高品质的生活是一种追求品位和舒适的体现，是注重外观和内涵的协调统一。追求高品质的养老是在健康快乐的基础上，为满足个性化的物质与精神需求，找到更多的养老解决方案，如日本松下公司在养老领域提供具有关怀性和专业性的养老生活解决方案，提出“健康养老空间”概念，帮助老年群体实现更具幸福感、有尊严的便利生活；泰康保险集团打造集医疗、康复、养老于一体的高品质养老社区，为老年人带来全新的生活方式；苏州康养集团利用苏州宜居的自然环境和人文环境提出集旅游、养生、养老为一体的高品质养老服务方案，为老年人追求康养生活提供新模式。

三、智慧养老成为新趋势

随着大数据、人工智能、物联网等新一代信息技术的发展，以传感系统与信息平台为基础的智慧养老系统可为居家老人、社区、家庭成员、服务人员、养老机构、医疗机构等提供交互式的实时、快捷、高效、低成本的服务。例如，通过智慧健康养老服务平台，可远程监控老年人的生活、实时监测老年人的健康指标，能随时全面了解老年人的身体状况，以在紧急情况下采取应急行动。因此，智慧健康养老服务平台急需搭建。

第三章　养老模式概述与分析

第一节　养老模式概述

养老服务模式是对为老年人提供其所需的专门化服务的方法的总结，将解决养老问题的方法总结归纳到理论高度就成了养老服务模式，简称养老模式。

目前，世界各国采用的养老服务模式有很多种，不同的养老服务基础形成了不同的养老服务模式，而不同的养老服务模式又为各国提供适合的养老服务。根据服务的目的和对象不同，养老服务模式主要分为以下几种。

一、机构养老

机构养老是指以社会机构为养老地，由专门的机构如养老院、养老公寓、托老所等，为老年人提供有偿或无偿的生活照料、精神慰藉等服务，以保障老年人安度晚年的一种养老方式。机构养老为老年人集体生活提供场所，同时能为老年人提供其所需的各方面的专门化服务。养老机构一般具有医疗协助的功能，通常不具备或基本不具备独立生活能力的老年人和长期需要医疗护理的老年人会选择机构养老，这样能够在食宿、护理、照料等方面获得全方位的专业服务。一般提供有偿服务的养老机构，其资金主要来自国家资助、亲人资助、老年人自备资金等。机构养老的主要模式有以下三种。

民建民营：社会组织或个人出资主办养老机构，并负责养老机构的运营。

公建公营：政府出资主办养老机构，并负责养老机构的运营，如我国的荣军疗养院、为五保户开设的敬老院等。

公建民营：政府出资主办养老机构，但由社会组织或个人负责养老机构的运营，政府在运营过程中起监督作用。

二、家庭养老

家庭养老是指老年人在家中度过晚年，其日常生活完全由子女照料，并与子女共同居住的一种养老方式。这也是亚洲地区主要的传统养老模式，亦是“养儿防老”的由来。在我国各地区，老年人的赡养义务主要由成年子女承担，一般也包括经济上的供养。家庭养老是一种传统的养老方式，它能促进代际交流，增强老年人的归属感，使老年人的安全和情感需求得到满足，还能降低社会成本，把社会养老负担转化为子女的负担。

三、居家养老

居家养老是指老年人在家中居住，以家庭为核心，以社会专业化服务为依托，主要由社会提供养老服务的一种养老方式。居家养老服务的主要内容包括生活照料、医疗服务、精神关怀等。虽然居家养老与家庭养老都是在家中养老，但居家养老不同于家庭养老，居家养老服务的提供者主要是社会专门机构，而家庭养老服务的提供者主要是家庭成员。未来的家庭养老模式基本上都会发展成居家养老模式。

四、社区养老

社区是指聚居在一定地域范围内的人所组成的社会生活共同体。

社区养老就是居住在一定地域范围内的老年人依靠社区组织提供养老服务的一种养老方式。一定的地域范围可以是原来居住的家庭所在地的范围，此时即为社区居家养老模式；也可以是整体重新开发的专门用于养老的区域范围（老年社区），此时即为社区机构养老模式。社区居家养老的特点在于，老年人居住在各自的家中，由社区的有关专业服务机构和人员为老年人提供上门服务或托老服务。

五、自我养老

自我养老又称独立养老，一般指老年人在经济独立的情况下生活独立、精神自强的一种养老方式。其主要思想是“养老靠自己”，在养老过程中，不管是经济供养和生活照料还是精神慰藉，主要都是依靠老年人自己，即使到因年龄过大或健康状况不佳而不能自理生活，需要家庭、社会或国家提供服务或帮助时，老年人自己仍有资源存量，不至于给家庭、社会或国家造成负担。

第二节　国外典型养老模式

老龄化问题始于20世纪中叶，首先出现在西方发达国家。早在1865年法国就成为世界上第一个老年型国家，1890年瑞典也进入了老龄化社会。进入20世纪后，欧美发达国家更加快速地进入老年型国家行列。随着第二次世界大战后工业化和城市化进程的推进，日本及亚洲其他一些新兴国家也相继进入老龄化社会，甚至一些非洲国家也开始显现此类问题，老龄化大潮已席卷全球。人口老龄化是经济社会发展的必然结果，因此它客观的历史进程使发达国家较早开始研究社会老龄化问题及养老模式。

一、美国的养老模式

美国主要采用自我养老、居家养老、社区养老、机构养老等养老模式。

自我养老模式是老年人独立生活，不依赖他人或社会服务机构，部分采取雇用保姆的形式，即通过支付薪资来进行养老补充。

居家养老模式是老年人生活在自己的家中，养老服务由社会团体或专业服务机构提供，如波士顿的一群老年居民采用会员制模式，老年居民缴纳会员费，以会员形式，在享受交通、购物、家政、维修等基本服务的同时，享受由专业服务机构提供的额外家庭保健护理和医疗服务；也有些老年人采用合作居住模式，在享有四人住宅的基础上，共享老年生活的公共设备与服务，促进老年人邻里互动。居家养老模式为美国主要的养老模式。

美国的社区养老模式具有典型特征，就是在大型集中养老社区“抱团养老”，养老社区向一定年龄的老年人开放，独立于子女的生活圈，为老年人与同龄人生活在一起提供场所。根据老年人健康程度的不同，养老社区又分为独立生活社区、协助生活社区、特殊护理社区和持续维护社区。

一般高龄老年人倾向于入住专业养老机构，如老年公寓、养老院、护理院等。老年公寓可以提供餐饮服务、日常服务、娱乐服务等养老服务。养老院和护理院可以提供 24 小时护理与照料服务，为老年人提供生活照料、医疗诊治、健康监管、康复治疗等服务。

美国老年人的养老费用主要由老年人自己和家庭、保险公司、政府三者共同承担。美国的养老机构有经营性和慈善性之分，绝大多数属于经营性养老机构。美国政府提供的养老金只为退休后的老年人提供基本生活保障，更多的老年人通过保险和个人理财方式支付剩余的养老费用。为了保证自己晚年生活的质量，美国人在退休前大多会规划各种理财方案。当然，在养老过程中如果付不起费用，也可以向政府申请救济，政府资助项目主要包括老年住房补贴、医疗补贴和居家养老补贴。

二、德国的养老模式

德国的老年人养老基本上都不靠子女，主要靠自己、政府和社会扶持。德国主要采用居家养老、老年住区式养老、机构养老等养老模式。

德国的居家养老是老年人居住在自己原有的住所，依托周边的养老机构提供养老服务。养老机构提供上门护理服务，同时提供日间照料服务和短期托老服务，这种模式也称为居家护理型养老。护理机构有固定的护理时间安排，日间照料中心为老年人提供不同的活动，如果老年人刚出院或者老伴不在家，则可以选择进入短期托老所，享受短期托老服务。

德国的老年住区式养老是以养老居家服务监护式公寓为依托，将居家养老、社区养老、机构养老相结合的一种养老模式。老年人入住购买或租赁的老年公寓，老年公寓整体采用无障碍设计，并有各种养老服务硬件设施，如电子信号器、电视监控器等，这种老年公寓提供相应的上门护理服务，老年人一旦卧床不起可直接入住邻近的养老院。

德国的养老机构数量众多，多数养老机构在居民密集区，少数养老机构在郊区或度假区内，德国的养老机构 54%由慈善组织举办，40%为私人养老院，其他为公立养老院。养老机构能提供 24 小时的全方位养老服务，包括护理、日间起居照料等，多数老年人在人生的最后时刻选择入住养老机构。

据德国联邦统计局公布的数据显示，截至 2018 年年底，德国 60 岁及以上人口的比例为 27.4%，多数德国家庭儿女与父母不生活在一起，为了帮助老年人过好晚年生活，德国地方政府、社会团体和老年人自己都在积极探索新的养老模式。德国以“储蓄时间”换取社区养老和居家养老上门护理时间，年满 18 周岁的公民可以通过到养老机构等提供各种无偿服务来储蓄个人的护理时间，以备自己将来需要时用这些时间换取免费的上门护理服务，通过这种方式使大量的义工参与到养老服务中，从而降低专业养老机构的人员压力。

德国主要依靠养老保险制度获取养老资金。德国的养老保险包括法定养老保险、企业养老保险和私人养老保险三个部分，后两者又称为“补充养老保险”。随着德国人口老龄化问题的日益突出，政府的养老负担也在逐渐加重，为此，德国政府在维持法定养老保险主导地位的同时，也采取措施鼓励人们更多地参加“补充养老保险”。

三、日本的养老模式

日本是最早进入老龄化社会的亚洲国家，早在20世纪70年代以前，日本就已经完成城市化，随着经济的发展及与之伴随的国民生活观念的“升级”，核家族、丁克化、不婚等现代社会特有的现象日益渗透、发展，导致日本的人口出生率锐减，老龄化进程加快。与此同时，经济社会的发展使传统儒教圈的家庭赡养文化遭受巨大冲击，把养老从家庭中剥离出来，以“社会赡养”的方式解决养老问题成了日本养老模式的发展方向。

日本的养老制度既重视家庭的作用，又强调国民的自立。日本推进家庭护理、保健、医疗、福利一体化的养老制度。通过护理保障制度，把老年患者的长期护理场所从普通的医院转移到家庭、专门的老人福利院、老人保健设施和疗养型综合体，老年人通过专业人员定期上门服务获得医疗护理和康复指导，延缓衰老进程，维持和促进健康，并节约了大量的医疗费用。通过居家养老，老年人可以得到家庭成员的关爱和赡养。

在社区养老模式上，一方面，日本通过建设小规模多功能社区养老服务站，为居家养老的老年人提供日常照料、上门护理等服务，这样既有助于老年人维系原来的生活交往圈子，又能发挥社区提供所有服务的功能；另一方面，日本大力发展老年公租房，建设专供老年人使用的集合住宅，租给老年人居住并给予一定的房租补贴。

日本鼓励养老院与周边的医院合作，养老院提供长期护理、康复训练、简单急救等服务，治疗疾病则需要与周边的医院合作。日本还建立了收费较低的公立养老院，为由于无子女、经济及家庭住房困难等原因不能居家养老的老年人提供服务。

日本为了应对人口老龄化，建立了较为完善的社会保障体系，即由养老保险、劳动保险、医疗保险、介护保险等组成的社会保险体系。日本建立了多层次的养老年金保险制度，第一层次是国民年金，日本要求 20 岁以上 60 岁以下的国民都必须参加国民年金保险；第二层次是厚生年金和共济年金，它们与收入有关，日本要求企业雇员和公务员参加厚生年金保险和共济年金保险；第三层次是个人和企业可以自由加入的养老年金保险。

四、新加坡的养老模式

新加坡既是一个年轻的国家，也是亚洲老龄化速度最快的国家之一。面对人口老龄化的挑战，新加坡政府倡导“乐龄”养老，逐渐建立起政府引导、制度保障、社会参与、居家为主的养老模式。

新加坡的居家养老是以家庭为基础提供养老服务，主要由居家护理机构、居家日常照护机构和综合诊所提供医疗保健、家庭护理、家庭日常照护、老年餐桌、护送等服务。新加坡受儒家文化影响，政府和社会提倡家庭观念，鼓励居家养老。新加坡政府作为福利提供给居民的组屋，从建造上就依照几代人同堂的理念，愿意购买此类房屋的家庭，政府还提供现金减免的特殊优惠。

除了居家养老外，新加坡也发展社区养老和机构养老。新加坡的社区养老是以社区日间护理、康复（日托）中心为基础提供医疗服务。新加坡的养老机构包括社区医院、慢性病医院、养老院、临终关怀机构等。

因劳动力不足，新加坡政府鼓励达到法定退休年龄、健康且工作表现良好的老年人继续参加工作，同时为老年人提供就业培训，提高老年人的就业能力。据相关数据显示，几乎所有符合规定的老年人都获得了重新雇佣，这不仅丰富了老年人的退休生活，也让老年人能为其以后的老年生活赚取更多的保障。新加坡建立的中央公积金制度（CPF），具有强制缴纳、高覆盖率等特点，公积金账户分设普通账户、专门账户和医疗储蓄账户，其中专门账户为养老储蓄。

五、四国养老模式分析

从以上四个国家的养老模式来看，四国都以居家养老为主，社区养老各有特色，机构养老强调功能组合。此外，居家养老虽以家庭为基础，但多数居家养老与社区养老进行了结合，即采用社区居家养老模式。

第三节　我国养老模式

为了应对人口老龄化，我国一直在积极探索各种养老模式。我国现行的养老模式主要有家庭养老、居家养老、社区养老、机构养老、互助养老、医养结合等。《中华人民共和国老年人权益保障法》总则中规定："国家建立和完善以居家为基础、社区为依托、机构为支撑的社会养老服务体系。"

一、家庭养老

家庭养老是指老年人在家中度过晚年，其日常生活完全由子女照料，并与子女共同居住的一种养老方式。受传统"家"文化的影响，我国老年人对家庭养老最为接受，"养儿防老"一直是我国传统的养老观念。在家庭养老中，发挥养老照顾作用的主要是亲人，如由配偶、子女、孙子女等提供养老服务。然而，随着现代价值观念的渗透、就业方式的改变及"421"家庭的增多，单纯依靠家庭的传统养老模式受到了严峻的挑战。

二、居家养老

居家养老是指老年人在家中居住，但主要由社会提供养老服务的一种养老方式。居家养老源于英国的“社区照顾”（Community Care），包括“社区内的照顾”（Care in the Community）和“由社区来照顾”（Care by the Community）两方面的结合。2002年9月，大连市沙河口区中山公园街道在全国首先创办了“居家养老院”，受到国内和国际社会的广泛关注。基于大连市的成功经验，我国各省市相继开展“居家养老”试点工作。2008年2月21日，全国老龄委办公室等10部委联合下发《关于全面推进居家养老服务工作的意见》，要求在城市，所有社区都要力争在“十一五”期间把居家养老服务开展起来。居家养老因具有家庭养老和机构养老的优势，同时又尽可能避免了家庭养老和机构养老的缺陷，而备受各方的推崇，构建“居家养老社会化服务”的养老新格局，已成为目前理论界的共识和政府致力发展的政策目标。

目前，我国居家养老社会服务网络尚未完全建立，养老服务社会资源比较短缺。老年人的照料和护理以传统的家庭照护模式为主。绝大部分需要照护的老年人居住在自己家中，子女是照护老年人的主力军，社会提供的照护服务所占的比例很小。据相关调查显示，在需要照护的老年人中，主要由配偶、子女或孙子女照护的比例在城市为90.8%，在农村这一比例达到97.3%。在城市，主要由保姆照护的比例只有6.0%，主要由居委会或养老机构照护的比例仅为0.3%。目前，由于经济条件的限制，农村有老年人的家庭雇用保姆的非常少，几乎为零（0.3%）。

三、社区养老

社区养老是指由社区建立养老服务中心，为老年人提供养老生活所需的相关服务，如助餐、助浴、助洁、助医等定制服务与亲情服务的一种养老方式。开展社区养老，不仅有助于加强老年人之间的交流，而且还能让老年人对社区产生强烈的归属感；依托社区专业服务人员与服务设施，不仅能让老年人享受到专业的服务，而且还可以充分利用社区内已有的服务设施，节约大量社会资源，避免重复建设。另外，通过社区发展养老产业，可以提高社区养老服务水平，并且有助于大量安置就业。

目前，社区养老有两种方式：一种是建立老年人相对集中的养老专门社区，达到一定年龄的老年人可以入住，社区内提供养老相关设施与服务；另一种是按照城市社区或农村社区部署，建立以自然家庭为区域的社区，老年人生活在自己的家里，社区提供相关的养老服务，这种社区养老为居家式的社区养老，也称为社区居家养老，这种养老模式将是我国未来养老模式发展的方向与重点。

在社区居家养老模式下，老年人既可以与子女生活在一起，享受到子女给予的精神赡养，又可以不依赖子女，从社区获取专门的养老服务，老年人生活在熟悉的社区环境中，能够找到安全感、归属感和亲切感，可以自主活动，维持多年形成的生活习惯。通过社区提供的养老服务，老年人可以享受到专业的生活照料、医疗保健等，通过社区组织的文化活动、健康活动、娱乐活动等，老年人可以享受到精神的愉悦。

四、机构养老

养老机构是指为老年人提供饮食起居、清洁卫生、生活护理、健康管理、文体娱乐活动等综合性服务的场所。就养老方式而言，机构养老是居家养老的补充。随着现代生活方式带来的个体居住意愿的改变、家庭结构的改变带来的工作和生活压力的增大，机构养老已经成为部分老年人或自愿或无奈的选择。老年人在专门的养老机构（包括福利院、养老院、托老所、老年公寓、临终关怀医院等）里安度晚年，享受食宿、护理、照料等全方位的服务。

我国的养老机构类型比较多，按照创办主体的不同，可分为国家创办的国有养老机构，乡镇、社区、村、街道创办的集体所有养老机构，以及企事业单位或个人创办的民营养老机构。按照服务对象的不同，可分为以下三类：一类是提供基础的养老服务，入住的对象主要是无人照料、低收入的老年人，为兜底型养老机构；一类是服务大多数老年人，一般性价比较高，配套设施简单适用，为普惠型养老机构；一类是服务功能齐全，环境好，服务项目多，配套设施齐全，一般收费也比较高，为高端型养老机构。目前，我国有些有实力的高端养老机构开始通过连锁方式在全国或区域范围内扩张，有些养老机构逐渐按照综合体模式运营，向开展机构养老与社区养老相结合的方向发展。

按照服务内容的不同，我国的养老机构还可分为老年社会福利院、养老院、老年公寓、敬老院、护理院、康复院、托老所等。我国各类养老机构在数量上有差别，养老院、敬老院占比较高，护理院、康复院占比其次，老年公寓、老年社会福利院、托老所占比相对较低。我国养老机构总体上呈现供不应求的状态，养老供需错位，“一床难求”与资源闲置并存。另外，随着生活条件的改善和人口寿命的延长，社会对老年护理院、康复院等护理和康复机构的需求大大增加，老年人对机构养老的个性化需求也在逐渐增加。

第四节　我国养老政策解读

一、按养老政策的实施对象分类

（一）关于老年人权益保障的政策

在《中华人民共和国宪法》《中华人民共和国刑法》《中华人民共和国民法典》及相关司法解释中都有关于保障老年人合法权益的规定。《中华人民共和国宪法》规定，中华人民共和国公民在年老的情况下，有从国家和社会获得物质帮助的权利。国家发展为公民享受这些权利所需要的社会保险、社会救济和医疗卫生事业。成年子女有赡养扶助父母的义务。除了通用法律外，还有《中华人民共和国老年人权益保障法》等专门性法律。《中华人民共和国老年人权益保障法》明确提出国家要建立多层次社会保障体系，逐步提高对老年人的保障水平。国家要建立和完善以居家为基础、社区为依托、机构为支撑的社会养老服务体系。各级人民政府应当建立稳定的经费保障机制，并鼓励社会各方面投入，使老龄事业与经济、社会协调发展。赡养人应当履行对老年人经济上供养、生活上照料和精神上慰藉的义务，照顾老年人的特殊需要。国家要通过基本养老保险制度，保障老年人的基本生活。地方各级人民政府和有关部门应当发展城乡社区养老服务，鼓励、扶持专业服务机构及其他组织和个人，为居家的老年人提供生活照料、紧急救援、医疗护理、精神慰藉、心理咨询等多种形式的服务。

我国各地政府也相继出台了一系列关于老年人的优待政策，如从出行交通、医疗卫生、文体旅游、健康养生、养老服务、法律服务等方面给予政策优待，使老年群体共享经济发展成果。例如，特殊困难老年人可以享受政府购买的居家养老援助服务；生活困难老年人可以享受政府在经济层面给予的救助；将符合廉租房保障条件的特殊老年群体优先纳入廉租房保障范围；敬老院、托老所等养老机构的水电费等日常生活费用可以获得减免；等等。

（二）关于居家养老的政策

居家养老政策作为解决居家养老问题的社会福利政策，在各地的实践中取得了一系列积极的成果。2008 年，全国老龄委办公室等 10 部委联合下发《关于全面推进居家养老服务工作的意见》，提出制定居家养老服务发展规划；贯彻落实支持居家养老服务的优惠政策；整合资源，建立和完善社区居家养老服务网络；积极培育和发展居家养老服务组织；建立居家养老服务管理体制等八方面的保障措施。我国老龄事业发展“十二五”“十三五”“十四五”规划中都提出要大力发展居家养老服务，逐步推动居家养老服务的专业化、规范化和智能化。从2016年民政部、财政部联合发文部署中央财政支持开展居家和社区养老服务改革试点工作以来，共遴选出5批203个市（区、州）作为试点地区。2021年，工信部、民政部、国家卫生健康委印发《智慧健康养老产业发展行动计划（2021—2025年）》，提出要拓展智慧健康养老产品供给，发展健康管理类智能产品、康复辅助器具类智能产品、养老监护类智能产品、中医数字化智能产品、家庭服务机器人等，满足多样化、个性化健康养老需求。

（三）关于机构养老的政策

我国民政部于2013年专门制定了《养老机构管理办法》，并在2020年对该办法进行了全面修订。我国对养老机构实行备案管理，明确养老机构是为老年人提供全日集中住宿和照料护理服务的机构；规定养老机构应当与老年人或者其代理人签订服务协议，明确照料护理等级和服务内容、收费标准和费用支付方式等当事人的权利和义务。新冠肺炎疫情对养老机构应急处置突发事件的能力提出了更高的要求，新修订的《养老机构管理办法》对养老机构的应急能力做出了相应规定。

地方性的养老机构管理办法在国家政策的基础上，对规范民办养老机构的设立、服务、监督、管理，确保民办养老机构健康发展，保障老年人的合法权益等方面做出相关规定，对促进社会和谐起到了积极作用。重点对民办养老机构所应具备的条件、筹建申请和开业申请的程序、为老年人提供的服务、日常的管理、收费标准、享受的优惠政策、处罚措施等方面进行了说明。在养老服务方面，要求民办养老机构提供分级护理服务，按照规定的比例配备护理人员，合理配置适合老年人的膳食，开展康复、文化体育活动，建立疾病预防、卫生消毒、24小时值班制度，等等。

（四）关于养老产业的政策

2013年9月，国务院在《关于加快发展养老服务业的若干意见》

中提到，我国养老服务和产品供给不足，市场发育不健全，要加快发展养老服务业。充分发挥市场在资源配置中的基础性作用，逐步使社会力量成为发展养老服务业的主体，营造平等参与、公平竞争的市场环境，大力发展养老服务业，提供方便可及、价格合理的各类养老服务和产品，满足养老服务多样化、多层次需求。该意见提出养老产业规模显著扩大的目标。以老年生活照料、老年产品用品、老年健康服务、老年体育健身、老年文化娱乐、老年金融服务、老年旅游等为主的养老服务业全面发展，养老服务业增加值在服务业中的比重显著提升，全国机构养老、居家社区生活照料和护理等服务提供 1 000 万个以上就业岗位。涌现一批带动力强的龙头企业和大批富有创新活力的中小企业，形成一批养老服务产业集群，培育一批知名品牌。2020 年，上海市人民政府针对上海迈入人口深度老龄化阶段，提出要充分发挥市场和社会的作用，大力发展养老产业，上海市人民政府办公厅印发了《关于促进本市养老产业加快发展的若干意见》。该意见提出，要增加多层次养老照护服务，鼓励各类社会资本投资养老服务业，鼓励养老服务机构专业化、连锁化、品牌化发展，促进医养深度融合，落实国家城企联动普惠养老专项行动；要大力发展辅具用品产业，支持企业加大研发设计和智能制造力度，加强创新孵化和产业集聚，积极开展康复辅具社区租赁推广；要在终身住宅、融合居住社区、持续照料社区、适老化改造等方面积极发展老年宜居产业；要积极创造老年旅游环境，大力发展红色旅游、邮轮旅游、康养旅游等适合老年人的旅游业态。同时，对发展养老产业的企业开通融资渠道，通过融资担保、银行信贷和其他融资方式提升养老产业融资能力，加强财税支持，在专项资金和税收优惠方面给予政策支持，并强化养老产业的科技赋能。

（五）关于智慧养老的政策

在人口老龄化趋势加剧的背景下，我国从中央到地方持续出台相关政策推进智慧养老。自《中国老龄事业发展“十二五”规划》提出要加快居家养老服务信息系统建设以来，国家出台多项政策推动“养老服务信息化建设”。2013年，全国智能化养老专家委员会成立。2015年，国务院在《关于积极推进“互联网+”行动的指导意见》中部署“促进智慧健康养老产业发展”的重点行动。2016年，国务院办公厅发布《关于促进和规范健康医疗大数据应用发展的指导意见》，推动健康医疗大数据融合共享、开放应用。2017年，工信部、民政部、国家卫生计生委联合印发《智慧健康养老产业发展行动计划（2017—2020年）》，提出要加快智慧健康养老产业发展。在三部委的大力推进下，从2017年到2020年全国开展了四批智慧健康养老应用试点。2020年，国务院办公厅印发《关于切实解决老年人运用智能技术困难的实施方案》，提出要有效解决老年人在运用智能技术方面遇到的困难，让广大老年人更好地适应并融入智慧社会。要从便利老年人居家养老、日常交通出行、日常就医、日常消费、文体活动、办事服务、使用智能化产品和服务应用等方面解决老年人面临的“数字鸿沟”问题，让老年人在信息化发展中有更多的获得感、幸福感和安全感。

（六）关于养老金融的政策

养老金融政策有助于增加养老保障供给，增强养老保障能力。具有养老功能的金融产品包括养老储蓄存款、养老理财产品、专属养老保险、商业养老金等。在20世纪90年代以前，我国实行的是单一的养老保险制度，保险社会化程度低，基金支撑能力不强。1991年，国务院发布《关于企业职工养老保险制度改革的决定》，我国开始建立多层次的养老保险体系。2010年，《中华人民共和国社会保险法》提出基本养老保险实行社会统筹与个人账户相结合。基本养老金由统筹养老金和个人账户养老金组成。新型农村社会养老保险待遇由基础养老金和个人账户养老金组成。国家建立和完善城镇居民社会养老保险制度。2014年，国务院在《关于建立统一的城乡居民基本养老保险制度的意见》中提出，要坚持和完善社会统筹与个人账户相结合的制度模式，巩固和拓宽个人缴费、集体补助、政府补贴相结合的资金筹集渠道，完善基础养老金和个人账户养老金相结合的待遇支付政策，强化长缴多得、多缴多得等制度的激励机制，建立基础养老金正常调整机制，健全服务网络，提高管理水平，为参保居民提供方便快捷的服务。2014 年，国务院印发《关于加快发展现代保险服务业的若干意见》，支持有条件的企业建立商业养老健康保障计划，充分发挥商业保险对基本养老、医疗保险的补充作用，推动个人储蓄性养老保险发展，开展住房反向抵押养老保险试点，适时开展个人税收递延型商业养老保险试点。2016 年，中国人民银行等 5 部委联合印发《关于金融支持养老服务业加快发展的指导意见》，提出大力完善促进居民养老和养老服务业发展的多层次金融组织体系，积极创新适合养老服务业特点的信贷产品和服务，支持拓宽有利于养老服务业发展的多元化融资渠道，推动完善养老保险体系建设。2017 年，国务院办公厅在《关于加快发展商业养老保险的若干意见》中明确了商业养老保险是商业保险机构提供的，以养老风险保障、养老资金管理等为主要内容的保险产品和服务，是养老保障体系的重要组成部分。同时，提出以完善养老风险保障机制、提升养老资金运用效率、优化养老金融服务体系为方向，依托商业保险机构专业优势和市场机制作用，扩大商业养老保险产品供给，拓宽服务领域，提升保障能力，充分发挥商业养老保险在健全养老保障体系、推动养老服务业发展、促进经济提质增效升级等方面的生力军作用。丰富商业养老保险产品供给，为个人和家庭提供个性化、差异化养老保障。推动商业保险机构提供企业（职业）年金计划等产品和服务。鼓励商业保险机构充分发挥行业优势，提供商业服务和支持。鼓励商业保险机构投资养老服务产业。支持商业保险机构为养老机构提供风险保障服务。建立完善老年人综合养老保障计划等。2018 年，人力资源和社会保障部、财政部联合印发《关于建立城乡居民基本养老保险待遇确定和基础养老金正常调整机制的指导意见》，提出要明确各级人民政府、集体经济组织和参保居民等各方面的责任。完善待遇确定机制，建立基础养老金正常调整机制，建立个人缴费档次标准调整机制，建立缴费补贴调整机制，实现个人账户基金保值增值。2018 年，中国银保监会等 4 部委联合印发《个人税收递延型商业养老保险产品开发指引》，提出保险公司开发设计税延养老保险产品应当以“收益稳健、长期锁定、终身领取、精算平衡”为原则，满足参保人对养老资金安全性、收益性和长期性管理要求。该指引是保险公司开发设计税延养老保险产品的基本保险保障要求，保险公司在开发产品时可以在此基础上，按有利于参保人的原则进一步提高保险保障水平。2018 年，中国银保监会印发《个人税收递延型商业养老保险业务管理暂行办法》，专门针对保险公司开展税延养老保险业务制定了具体管理办法。2019 年，国务院办公厅印发《降低社会保险费率综合方案》，在降低养老保险单位缴费比例，继续阶段性降低失业保险、工伤保险费率，调整社保缴费基数政策，加快推进养老保险省级统筹，提高养老保险基金中央调剂比例，稳步推进社保费征收体制改革等方面做了相关规定。2019 年，中国银保监会发布新修订的《健康保险管理办法》，首次将健康管理以专章写入，对健康管理服务的主要内容、与健康保险产品的关系定位、费用列支等方面予以明确。2020 年，国家医保局、财政部、国家税务总局联合印发《关于加强和改进基本医疗保险参保工作的指导意见》，提出要深入实施全民参保计划，自 2021 年参保年度起，全国参保信息实现互联互通、动态更新、实时查询，参保信息质量明显提升；到 2025 年，基本医保参保率稳中有升，管理服务水平明显提升，群众获得感满意度持续增强。在合理设定参保扩面目标、落实参保缴费政策、做好跨制度参保的待遇衔接、有序清理重复参保、完善个人参保缴费服务机制、加强财政补助资金管理等方面做了任务部署。2020 年，国家医保局、财政部联合印发《关于扩大长期护理保险制度试点的指导意见》，提出探索建立以互助共济方式筹集资金、为长期失能人员的基本生活照料和与之密切相关的医疗护理提供服务或资金保障的社会保险制度。力争在“十四五”期间，基本形成适应我国经济发展水平和老龄化发展趋势的长期护理保险制度政策框架，推动建立健全满足群众多元需求的多层次长期护理保障制度。

（七）关于医养康养的政策

医养结合是将现代医疗服务与养老服务有效结合，能够实现“有病治病、无病疗养”的一种新型养老模式。在这种模式下，医疗资源与养老资源有机衔接，医疗机构和养老机构的医疗、护理、康复、养生、养老等功能一体化发展，从而为老年人提供更专业、更便捷的养老服务，有效提高老年人的生活质量。近年来，我国陆续出台多项政策，逐步推动医养结合的发展。2013 年，国务院在《关于加快发展养老服务业的若干意见》中提出，要探索医疗机构与养老机构合作新模式，建立社区医院与老年人家庭医疗契约服务关系，医疗机构应当为老年人就医提供优先优惠服务。2015 年，国家卫生计生委等 9 部委联合印发《关于推进医疗卫生与养老服务相结合的指导意见》，提出要建立符合国情的医养结合体制机制和政策法规体系，实现医疗卫生和养老服务资源有序共享。2013 年国务院印发的《关于促进健康服务业发展的若干意见》和 2015 年国务院办公厅印发的《全国医疗卫生服务体系规划纲要（2015—2020 年）》都提出要推进医疗机构与养老机构等加强合作，建立健康养老服务网络。2015 年，国务院办公厅印发《中医药健康服务发展规划（2015—2020 年）》，提出要发展中医药特色养老机构，推动中医医院与老年护理院、康复疗养机构等开展合作。支持养老机构开展融合中医特色健康管理的老年人养生保健、医疗、康复、护理服务，有条件的中医医院开展社区和居家中医药健康养老服务。2016 年，民政部、国家卫生计生委联合印发《关于做好医养结合服务机构许可工作的通知》，支持医疗机构设立养老机构，支持养老机构设立医疗机构，并在同年确定了第一批国家级医养结合试点单位。2019 年，国家卫生健康委等 12 部委联合印发《关于深入推进医养结合发展的若干意见》，提出要强化医疗卫生与养老服务衔接，鼓励养老机构与周边的医疗卫生机构开展多种形式的签约合作。要求各地简化医养结合机构审批登记，实行“一个窗口”办理。加大政府支持力度，鼓励金融机构根据医养结合特点，创新金融产品和金融服务，拓展多元化投融资渠道。加快发展包括商业长期护理保险在内的多种老年护理保险产品，满足老年人护理保障需求。

在政策、市场、资本及技术的催化下，我国大健康产业快速发展。2016 年，中共中央、国务院印发《“健康中国 2030”规划纲要》，提出积极促进健康与养老、旅游、互联网、健身休闲、食品融合，催生健康新产业、新业态、新模式。2016 年，国家旅游局发布《国家康养旅游示范基地标准》，着力打造具有国际竞争力的健康旅游目的地，大力发展中医药健康旅游。2017 年，国家卫生计生委等 5 部委联合印发《关于促进健康旅游发展的指导意见》，提出要发展丰富健康旅游产品，发展康复疗养服务、休闲养生服务，形成健康养老新局面。2019 年，国家林业和草原局等 4 部委联合印发《关于促进森林康养产业发展的意见》，旨在以森林生态环境为基础，利用森林生态资源、景观资源、食药资源和文化资源，并与医学、养生学有机融合，开展保健养生、康复疗养、健康养老等服务活动。

二、按养老政策发挥的作用分类

我国的养老政策从其发挥的作用来看，有保障性政策、优惠性政策、促进性政策、标准类政策、综合类政策等。

（一）养老保障性政策

我国多项养老政策提出要推动老年人口的基础生活设施建设，这也是我国人口老龄化导致的结果。我国现阶段的主要任务是让老年人有床位和进行养老的适老化改造。目前，我国政府各部门积极出台各类养老保障性政策，如 2019 年国家卫生健康委等 8 部委联合发布的

《关于建立完善老年健康服务体系的指导意见》，2020年人力资源和社会保障部、财政部联合发布的《关于2020年调整退休人员基本养老金的通知》，等等。

（二）养老优惠性政策

我国大力发展养老事业和养老产业，给予从事养老事业和养老产业的有关部门及人员优惠政策，鼓励其积极参与养老服务，如2015年民政部等10部委联合发布的《关于鼓励民间资本参与养老服务业发展的实施意见》，2019年财政部等6部委联合发布的《关于养老、托育、家政等社区家庭服务业税费优惠政策的公告》，2020年国家发展改革委、民政部、财政部联合发布的《养老服务体系建设中央补助激励支持实施办法》（2020年修订版），等等。

（三）养老促进性政策

我国从国家到地方都在积极研究制定推动养老产业发展、丰富养老服务和产品供给的养老促进性政策，很多地区还发布了具有地区特色的指导意见，形成了梯队式的政策保障体系，如2015年国务院发布的《关于积极推进“互联网+”行动的指导意见》，2016年国务院办公厅发布的《关于促进和规范健康医疗大数据应用发展的指导意见》，2017年工信部、民政部、国家卫生计生委联合发布的《智慧健康养老产业发展行动计划（2017—2020年）》，2018年国务院办公厅发布的《关于促进“互联网+医疗健康”发展的意见》，2019年工信部等5部委联合发布的《关于促进老年用品产业发展的指导意见》，2020年民政部发布的《关于加快建立全国统一养老机构等级评定体系的指导意见》，2020年国家发展改革委等23部委联合发布的《关于促进消费扩容提质加快形成强大国内市场的实施意见》，2020年民政部等9部委联合发布的《关于加快实施老年人居家适老化改造工程的指导意见》，2020年国家医保局发布的《关于积极推进“互联网+”医疗服务医保支付工作的指导意见》，2020年住建部等6部委联合发布的《关于推动物业服务企业发展居家社区养老服务的意见》，2020年国务院办公厅发布的《关于建立健全养老服务综合监管制度促进养老服务高质量发展的意见》，2020年国务院办公厅发布的《关于促进养老托育服务健康发展的意见》，等等。

我国各地政府也纷纷制定出台养老服务促进条例，实现养老服务由“补缺型”向适度“普惠型”转变。在完善社会养老服务体系方面，提出要加快养老机构建设，如要求增加养老床位数量，推进示范性养老机构和护理院的建设；健全社区照料网络，为老年人提供居家养老护理责任保险，同时使老年人能够获得托养、日间照料、康复护理、心理关爱等居家养老基本服务，并有机会和条件参与社区文化娱乐、学习教育、健身等活动，逐步形成多层次、多形式、广覆盖的为老服务网络；加强服务队伍建设，采取培训、教育、管理等措施提高服务人员的素质，通过成立养老服务协会，加强行业自律和自我管理，逐步形成养老服务组织网络。

（四）养老标准类政策

养老服务是一种产品，需要有一定的评价标准，所以要对养老服务进行标准化建设，以加强对从业人员、养老相关企业等的规范和引导。我国的养老事业和养老产业刚刚起步，研究制定相关养老服务的规范和标准，为养老服务发展形成良好的行动标准非常关键。近年来，我国出台了一系列关于养老服务标准化建设的政策，并加紧研究制定有关养老服务的国家标准和行业标准，如2019年自然资源部发布的《关于加强规划和用地保障支持养老服务发展的指导意见》，2020年国家统计局发布的《养老产业统计分类（2020）》，2020年工信部、民政部、国家卫生健康委联合发布的《智慧健康养老产品及服务推广目录（2020年版）》，2020年民政部养老服务司发布的《养老护理员培训大纲（征求意见稿）》，2020年民政部办公厅发布的《养老院院长培训大纲（试行）》和《老年社会工作者培训大纲（试行）》，2021年民政部发布的行业标准《养老机构康复辅助器具基本配置》（MZ/T 174—2021），2021 年民政部发布的系列行业标准《康复辅助器具租赁》（MZ/T 175.1—2021 和 MZ/T 175.2—2021），2020 年国家卫生健康委办公厅、国家中医药局办公室联合发布的《关于加强全民健康信息标准化体系建设的意见》，2020 年国家市场监督管理总局和国家标准化管理委员会联合发布的国家标准《老年保健服务规范》（BG/T 39510—2020），2022 年国家市场监督管理总局和国家标准化管理委员会联合发布的国家标准《建筑门窗无障碍技术要求》（GB/T 41334—2022）等，但目前我国有关养老服务的国家标准和行业标准还很不足。

（五）养老综合类政策

为健全养老服务体系，2011 年国务院印发了《中国老龄事业发展“十二五”规划》，2017 年国务院印发了《“十三五”国家老龄事业发展和养老体系建设规划》，2019 年国家发展改革委、民政部、国家卫生健康委联合印发了《普惠养老城企联动专项行动实施方案（2019 年修订版）》，2019 年国务院办公厅印发了《关于推进养老服务发展的意见》，2019 年国务院印发了《关于实施健康中国行动的意见》，2019 年国家发展改革委等 21 部委联合印发了《促进健康产业高质量发展行动纲要（2019—2022 年）》，2019 年教育部办公厅等 7 部门联合印发了《关于教育支持社会服务产业发展提高紧缺人才培养培训质量的意见》，2019 年民政部印发了《关于进一步扩大养老服务供给促进养老服务消费的实施意见》，2020 年农业农村部印发了《全国乡村产业发展规划（2020—2025 年）》，2020 年国务院办公厅印发了《关于全面推进城镇老旧小区改造工作的指导意见》，2020 年民政部办公厅印发了《培育发展社区社会组织专项行动方案（2021—2023 年）》，2021 年民政部办公厅印发了《2021 年中央财政支持社会组织参与社会服务项目实施方案》，等等。

我国各地政府也都制定了关于社会养老服务事业发展的相关政

策，把加快养老机构建设、推进居家养老服务、提升为老服务质量作为工作重点。从制定老年服务设施布局专项规划、完善土地供应政策、鼓励扶持民办养老机构发展、健全医疗服务政策、增加居家养老设施补贴、调整养老援助标准、加强专业队伍建设、提高养老经费标准、提供金融贷款服务、落实税费优惠政策、加快信息服务建设、高度重视精神关爱、建立行业管理体系、落实机构人员等方面，为社会养老服务事业发展提供指导意见。

第四章　我国的养老产业发展

第一节　养老事业与养老产业

一、养老事业

养老事业一般由政府举办，以政府投入建设为主，属于具有社会公共管理性质的政府行为。在我国，养老事业是社会主义事业的重要组成部分。我国历来关心和重视养老事业，政府是养老事业的责任主体，养老事业面向所有公民。当然，养老事业的内容随着社会的发展在不断丰富。我国养老事业的内容除了包括无偿为老年群体提供基本兜底型的养老服务、建设各种养老服务公共设施外，还包括制定出台诸多养老政策。

多年来，我国大力弘扬中华民族敬老养老的文化传统，采取切实有效的措施，积极探索适合中国国情的老龄事业发展模式。“老有所养、老有所医、老有所教、老有所学、老有所为、老有所乐”是我国老龄事业的发展目标。国家颁布了一系列关于老年社会保障、老年福利与服务、老年卫生、老年文化教育和体育、老年人权益保障等内容的法律法规和政策。国务院有关部门和地方各级人民政府分别制定了本部门老龄工作行动计划和本地方老龄事业发展规划。我国逐步建立健全政府、社会、家庭和个人相结合的养老保障体系，努力保障老年人的基本生活。建立贫困老年人救助制度，大力发展社区为老服务，不断改善老年人居家养老的支持环境。加大资金投入，建立社会福利院、敬老院、养老院、老年公寓、老年护理院等养老服务机构。发展老年文化教育是提高老年人精神文化生活水平的基本途径。我国重视发展老年文化教育事业，丰富老年人的精神文化生活，不断满足老年人精神文化需求，还建立老年活动中心、老年活动室等，国家财政支持的公共文化服务设施和公共文化场所向老年人免费或优惠开放。积极提供符合老年人特点的精神文化产品，重视保障老年人受教育权利，创办老年大学，形成多层次、多形式、多学制、多学科的老年教育体系。同时，我国也重视和珍惜老年人的知识、经验和技能，积极创造条件，发挥老年人的专长和作用，鼓励和支持老年人融入社会，继续参与社会发展。在政府的引导和扶持下，我国全国性和地方性的老年社会团体也在全面发展。我国尊重和保护老年人合法权益，充分运用法律和道德等手段，加强老年人权益保障工作，促进老年人各项合法权益的实现。在经济供养、医疗保健、生活服务、文体休闲、维权服务等方面给予老年人优先优惠和倾斜照顾。对老年人因养老、医疗等纠纷提起的诉讼，予以优先立案、优先审理和优先执行。我国重视老龄法律法规和政策的宣传普及工作，开展了形式多样的宣传学习活动，强化全社会维护老年人合法权益的法律意识和老年人的自我保护意识。各级政府采取了多种形式，大力弘扬中华民族敬老养老的优良传统，提高社会的敬老意识和水平。

二、养老产业

养老产业是指以改善保障老年人生活、健康、安全及参与社会发展的条件，实现老有所养、老有所医、老有所为、老有所学、老有所乐等为目的，为老年人提供各种养老服务及相关产品的生产活动集合。

“养老产业”这一概念的关键词是产业。产业本身是社会分工的产物，它是随着社会分工的产生而产业，随着社会分工的发展而发展的。产业是以满足某种社会需求为目标进行的资源（资产）集中化活动。产业一般是由利益相互联系、具有不同分工的多个相关行业组成的，一个产业中不同行业的经营方式、经营业态、企业运营模式和流通环节可以有所不同，但它们的经营对象和经营范围具有相对的边界。产业在满足某种社会需求的同时，可以创造财富和就业机会。

养老产业是一个涉及第一、第二、第三产业的庞大的产业体系，养老产业涉及的内容较多，其发展可以解决养老及与之相关的社会问题，能将养老负担变成社会资源，在促进经济社会发展、增加劳动就业岗位等方面具有很大助益。

我国的养老产业起步于 20 世纪 90 年代中期，1997 年我国首次正式提出“养老产业”概念。到目前为止，我国的养老产业也只是刚刚起步，尚未形成成熟的产业模式。从我国养老产业发展的阶段来看，2013 年是我国养老产业启动元年，随后中央政府和各地政府纷纷出台养老产业相关政策，从养老机构、医养结合、智慧养老、老年旅游、老年用品、养老金融等各方面提出促进养老产业发展的政策，这些政策对推动我国养老产业的发展发挥着重大作用。

从概念上看，养老事业与养老产业面向的对象是一致的，都是对老年人的生命健康与幸福生活服务。但前者属于政府提供公共物品、公共服务的范畴，体现了保障老年人基本生活需求的政府责任，是政府的福利性行为；后者是满足老年人多样化、更高层次的生活需求，是市场的产业性行为。两者虽然内容不同，却是紧密联系在一起的。养老事业和养老产业共同组成了养老服务业。

人口老龄化是我国今后较长时期内的基本国情，推动“养老事业和养老产业协同发展”成为我国老龄事业发展“十四五”规划的重点任务之一。在养老事业方面，要继续完善包括社会救助、社会保险、社会福利在内的基本养老保障制度，加快制定养老服务相关标准，不断规范养老机构服务收费管理，等等；在养老产业方面，目前监管工作主要由民政部门牵头，但因养老产业涉及市场监管、税务、卫生健康、消防等多个部门，在监管权力、资源使用等方面还需要多方面协调。

第二节 我国养老产业发展概述

一、我国养老产业发展现状

目前，我国养老产业已有一定程度的发展，但是在发展速度、产业规模、品牌塑造、产业链接等方面还处于起步阶段，尚未形成中长期规划。市场还未能很好地关注到老年人口的庞大需求，缺少为老年人口提供专门服务的场所，科研单位及企业对老年人口所需产品的研究和开发严重不足，造成老年用品市场需求剧增与市场有效供给不足的矛盾。

（一）养老机构数量不足

人口老龄化进程的加快，老年人健康预期寿命的延长和高龄老人健康状况的下降，以及社会分工的变化和劳动力人口的减少，造成老年人日常照护需求的巨大缺口，导致老年人高龄化、失能化、空巢化现象越来越普遍，养老机构供不应求现象加剧，养老床位缺口大。根据民政部发布的数据，到 2020 年年末，全国养老机构数量为 3.8 万个，养老床位总数为 823.8 万张。而我国 65 岁及以上老年人口达到 1.9 亿人，按照“9073”的养老格局，我国养老床位需求量约为 1 800 万张，缺口近 1 000 万张。另外，养老机构地区分布也很不均衡，我国养老机构主要集中在京津冀、长三角、珠三角和川渝四大经济圈。

（二）养老服务内容单一

当前，无论是社会还是家庭，在赡养问题上往往采取把老年人“供起来”的照护模式，更多地关注老年人的衣食住行，未能充分考虑老年人因年龄、学历、职业、经济收入、居住环境等不同，对“老有所养、老有所医、老有所教、老有所学、老有所为、老有所乐”的需求有很大差别，致使养老服务内容与养老服务需求脱节。

（三）养老产品供给不足

与老年人衣食住行有关的物质产品有效供给不足，这些产品仍然处于卖方市场，如在服装方面，无论是衣服的款式、颜色、尺码，还是销售场所等均没有形成规模市场，有效供给严重不足；在饮食方面，能满足老年人低糖、低盐、低脂等需求的健康食品种类单一、数量不足；在出行方面，公共交通工具没有针对老年人行动不便、反应迟钝的身体状况，设置保护老年人安全的相关设施，如护栏、扶手等；在智能设备方面，要么功能单一，如老人手机只具有简单的接打电话功能，要么只能使用与年轻人一样的设备，导致使用很不方便。

（四）老年精神文化产品短缺

无论是在城市还是在农村，老年人精神生活方式都较为单一，老年群体知识信息来源少、文化活动缺乏、精神生活得不到应有关怀的情况比较严重，老年人心理问题日益突出。

同时，老年文化活动设施、休闲娱乐场所等硬件设施普遍缺乏，城乡老年活动中心、各类公园、城市绿化地、分散的体育器材等供老年人休息、娱乐、健身的场所数量非常有限。老年旅游路线的开发与旅游方案的规划还很不成熟，老年旅游存在针对性不强的现象。

二、制约我国养老产业发展的因素分析

造成以上状况的原因是多方面的，既有养老产业市场本身具有特殊性的原因，也有投资者对养老产业市场认识不足的原因，还有养老体制不完善和政策导向缺位致使投资者望而却步的原因。

（一）老年人消费倾向偏低

老年人群的需求、收入水平和收入来源的稳定性、消费倾向、消费行为等都具有与其他年龄段人群不同的特点。老年人群的消费特殊

性可以概括为多样化、平稳化和退行性。多样化是指老年人的需求相较于其他年龄段人更加趋于多样性，并且个性化比较强，老年人的特殊要求比较多。平稳化是指老年人的消费范围一般比较狭窄且相对固定。随着经济状况的逐步改善和平均寿命的不断延长，老年人口趋向高龄化，老年人需求的多样化和平稳化特征将更加明显，同时，其外部依赖性增强，需求在多样化的基础上趋于专业化。退行性是指随着年龄的增长，老年人的购买力在逐步减弱。但是，随着老年人储蓄的增加和老年理财业的发展，老年消费的退行趋势有望得到缓解。

（二）养老在城乡之间存在显著差距

养老在城乡之间存在的显著差距短时间内难以改变。农村收入水平低，养老保障、医疗保险等资源也相当匮乏，加上市场观念趋于定型，这种状况限制了农村养老市场发展潜力的释放，而且与大多数已经进入老龄化社会的国家城镇老龄化程度高于农村不同，我国老龄化发展城乡倒置。根据 2020 年第七次全国人口普查的数据，按常住人口计算，我国城镇老龄化水平为 6.61%，乡村却高达 17.72%，即农村人口老龄化水平显著高于城镇，而且随着农村青壮年劳动力向城市迁移，这种状况将进一步加剧。农村养老市场的难以开拓严重制约着整个养老市场的发展空间。即使在城市，养老保障水平也仅限于满足老年人的基本需求，而难以满足老年人各方面的需求，老年人群的潜在需求难以实现。

（三）养老产业市场的特殊性

受家庭养老、勤俭节约等传统观念和生活习惯的影响，老年人还没有形成从市场寻找摆脱自身养老困境出路的意识，受到抑制的合理消费需求还未被充分激活，这些都制约着养老产业市场的发展。养老产业市场的特殊性，决定了养老产业具有微利性和收益周期长的特点。对于尚处在发展初期的我国养老产业来说，规模化经营目标的实现难以一蹴而就，这在一定程度上导致了我国养老产业市场的冷清。养老产业具有市场性、营利性、社会性、综合性等特点，在养老产业市场中，多种产业融合发展，市场供需行为复杂，因此养老产业市场发展要解决好需求多样化与供给单一化、需求量不足与供给薄利化、需求个性化与生产规模化之间的矛盾。

三、我国养老产业发展趋势

第七次全国人口普查数据公布以后，养老产业被公认为极具发展前景的产业。未来我国的养老产业将与互联网、大数据、人工智能、5G等信息技术深度融合，养老产业供给侧结构性改革将持续深化，养老产业龙头骨干企业将不断增多，养老产业发展内生活力将得到有效激发，养老产品和服务种类将更加丰富、品质将更加优良，养老产业品牌建设将明显加快，养老产业体系将逐步完善，适应老龄化社会的养老产业供给能力将持续提升，从而不断满足老年人多样化、多层次的消费需求。我国养老产业发展整体呈现以下趋势。

（一）养老产业的市场氛围逐渐浓厚

随着经济条件的改善和老年人消费观念的转变，老年人对养老产品和服务的需求将逐渐增加，尤其是政府提出的城企联动方式使养老需求满足与企业良性发展充分兼顾，这将大大改变养老资本分布不均衡的局面。在养老产业方面，民企运营和充分竞争的市场氛围会更加浓厚，民营养老企业会越做越大，朝品牌化、连锁化方向发展。例如，养老服务与物业服务相结合，通过物业公司的业务延伸，既为老年人享受普惠型养老服务提供更多的选择，也为物业公司带来额外的运营收益。

（二）养老产业与多产业融合带来整个行业的巨变

养老产业与现代技术的融合、养老产业与金融产业的融合、养老产业与其他细分领域的融合都在改变着养老产品和服务的性能，甚至改变着整个产业的竞合关系，从而带来更大的复合经济效益。现代技术在功能性老年用品开发方面逐渐显示其优越性，如老年人的功能性服饰、智能化日用辅助产品、安全便利的照护产品，以及人工智能、脑科学、虚拟现实等新技术在康复训练和健康促进辅具中的集成应用。在适老化改造中，新型材料的研发与运用逐渐普遍，智能传感、语音控制、智能场景检测、主动感知和人机交互技术的应用越来越广泛。实时智能环境检测、无障碍改善等安全保障技术已成为适老化改造中的关键核心技术。

（三）大数据的发展让养老产业个性化供给成为可能

养老需求本身就具有个性化属性，居家养老的分散性及养老旅游、养老娱乐、养老教育等养老需求都要求养老产业市场提供更多个性化服务，大数据的发展让养老产业个性化供给成为可能。通过对老年人的服务需求分析，使养老需求与养老产业供给相匹配，从而实现精准投放，提升老年人的服务体验。

（四）养老产业竞争带来服务的高品质发展

一般认为，养老产业市场规模的扩大是老年人口增加的结果，虽然老年人口的不断增加使养老市场机遇不断增多，但随着养老产业的不断发展和完善，整个行业的竞争会越来越激烈，行业整体的门槛也会随之提高。在未来养老产业的发展中，对专业要素的占有和竞争将更为重要，如数据资源、医疗设施、技术专利，甚至商标、渠道、产品设计、内容制作、生产方式、人才培养等，专业要素门槛越高，拥有这些要素的企业在行业中的竞争优势也就越大。

未来五年，我国养老产业的发展目标是养老产业体系基本建立，养老市场环境持续优化，形成技术、产品、服务和应用协调发展的良好格局。养老产业创新能力明显增强，以企业为主体的技术创新体系进一步健全。养老供给水平明显提高，养老产品与服务种类更加丰富，质量标准、认证认可体系逐步与国际接轨。养老产业品牌建设明显加快，重点领域品牌数量增多，养老区域品牌快速发展，建立适应市场需要的养老产业品牌体系。养老产业市场环境明显优化，市场监管力度不断加大，政府公共服务能力显著提高，市场竞争秩序和消费环境明显改善。

第三节　供给侧结构性改革视角下我国养老产业发展探索

一、供给侧结构性改革的内涵

供给侧结构性改革是指从供给、生产端入手，通过解除供给约束、进行供给干预，促进经济发展。供给侧结构性改革将发展方向锁定在新兴领域、创新领域，通过改革创造新的经济增长点，在供给侧结构性改革的过程中，要着力推动供给侧的体制机制改革和政策调整。

供给侧结构性改革的关键是提高经济增长质量和效率，要把政策着力点放在供给侧，引导供给与需求平衡，在满足社会需求的同时促进企业盈利能力的提升。

供给侧结构性改革是通过增强企业的创新能力，提高供给质量和效率，改善供给结构，提高全要素生产率。供给侧结构性改革强调从供给角度实施结构优化、增加有效供给的中长期视野的宏观调控，通过供给端发力破除增长困境，释放增长红利。

二、我国养老产业供给侧结构性改革的思路

尽管继 2016 年 1 月全面二孩政策落地后，我国又于 2021 年 5 月放开三孩政策，但这些政策对解决我国严重的人口老龄化问题是不够的。我国人口老龄化问题日益严重，养老需求日益增长。据相关机构统计，目前我国养老市场消费年均增幅达到 17%，养老市场是一个多层次、多渠道、多样化的市场，但目前有这样一种观点，认为医疗养老才能有高效益，所以有些地方提到发展养老产业，就是投资专业医疗技术治疗或服务老年人。确实，“医养结合”对于那些健康状况不是很好的老年人来说是必需的、急需的，但这种认为养老需求会集

中在相对昂贵的医疗机构的养老服务上的理解并不全面，因为它并不是养老产业的全部。在所有养老产业供给中，“医养结合”所占的比重并不是很大，老年人的医养投入占其消费支出的比例随着生活水平和身体健康水平的提高在逐渐下降。养老产业供给侧结构性改革的思路如下。

（一）探索养老产业的可持续发展模式

养老产业是面向老年人真正需求的产业，养老产业要建立一种可持续发展的养老服务模式。了解老年人的真正需求与喜好，推动“养老”向“享老”发展，养老产业要能提供多样化、多层次的养老产品与服务，并兼顾老年人的身心健康。

（二）养老服务应以社区居家养老为主

我国着力构建以居家养老为基础、以社区养老为依托、机构养老充分发展、医养有机结合的多层次养老服务体系。老年医疗保健应纳入社区服务范围，并与社区居家养老相结合。

（三）养老产业商业模式应多元化发展

养老产业涉及三大产业的绝大多数门类，各行各业都应主动考虑对养老事业的贡献，通过政策引导和市场配置参与养老产业的发展。尤其是人工智能、大数据、物联网等现代信息技术的发展，将助推养老产业商业模式的改革与创新。

三、我国养老产业供给侧结构性改革的方向

创新公共服务提供方式，能通过政府购买服务提供的，政府不再直接承办。我国一直致力于养老事业的发展，随着老年人口的增加和老年人需求的多样化，单靠政府养老事业已不能满足老年群体日益增长及多样化的需求，所以大力发展养老产业具有重要意义。我国老年人口基数大、养老需求大，养老市场的红利逐渐显现，原来投入养老市场的产业扭亏为盈成为趋势。因此，在养老产业供给侧结构性改革的方向上要坚持以下几个方面。

（一）养老产业供给侧要多产业融合发展

积极应对人口老龄化，解决老年人多层次需求的问题涉及多部门、多产业。政府部门要依法行政，各部门要密切配合；群团组织、家庭、个人要积极参与养老服务；各类社会机构要协同联动，整个社会要形成养老服务工作大格局。要把养老产业作为相关产业的延伸产业或者主导产业去发展，让更多的相关产业涉足养老市场。政府要给予积极参与养老市场发展的产业政策支持。

（二）养老产业供给侧要面向多层次的养老需求

只有消费、需求、供给三者均衡，才能实现产业目标和供需平衡。在以市场消费带动经济发展的今天，产品的多元化和多样性是瞄准消费者需求多层次的结果。养老产业的目标群体是老年人，健康老年人的市场需求在未来几年将呈井喷式增长，而传统的敬老院和医院在未来老年消费市场中的份额将会很小。未来能给老年人更多选择权，能为老年人提供专业的、可定制的养老产品和服务，以满足老年人多样化、多层次的需求，才是养老产业供给侧发展的方向。

（三）养老产业供给侧要进行结构性改革

养老产业供给侧结构性改革就是要在满足老年人多样化、多层次养老需求的基础上，把养老产业发展成“朝阳产业”，坚持“政府导向、市场配置、社会参与、全民行动”，以养老产业的发展带动新机制的建立、新动能的培育，实现经济社会发展的新跨越。政府导向就是要建立以社区为网格的社区养老服务体系，推动社区养老设施、文化活动设施、卫生设施等公共设施共建共享，实现基于居家养老的社区服务和基层治理的现代化。市场配置就是要遵循产业发展规律，运用市场机制进行资源配置。社会参与就是要引导更多的社会资源、社会组织参与养老服务，改变现行的养老组织形式，引导企业把社会公益目标与市场运作方式有效结合，给予社会组织更多的培育、扶持和规范，让社会组织更好地参与养老事业。全民行动就是要让全社会（包括政府、企业、社会组织、个人等）都积极为养老服务做出贡献，如对个体“时间银行”的执行、对企业老龄社会责任的培育等。

（四）养老产业供给侧要高新技术的参与

传统的养老服务主要是人对人的服务，但随着人力成本的提高和养老服务的负担越来越重，传统的养老服务模式已难以为继，而高新技术参与养老产业有助于养老科技创新体系的发展。要针对养老科技研发涉及方向多、学科多等特殊性，推进多部门、多学科、产学研用相结合。积极引导大数据、物联网、人工智能等高新技术在为老助老领域的应用，培育具有国际竞争力的科研型养老服务企业，为养老产业技术革命的到来做好准备。

（五）养老产业供给侧要注重“互联网+”的价值

在这个被数字、网络包裹的时代，互联网技术对企业的影响越来越大，企业要想在激烈的市场竞争中突围，就要利用好互联网技术。因为未来几十年属于产业互联网阶段，对互联网技术的拥抱和迅速落地将成为企业的一种强有力的竞争力。互联网技术能突破空间的局限性及时间的滞后性，通过互联网技术能了解和掌握养老的即时需求及养老需求的动态变化。尤其是老年人有突发状况时，利用身边的便捷呼叫设备或穿戴设备就可以发送信息到平台，从而使服务更加精准和专业。另外，利用基于互联网+技术的养老产业平台的大数据分析功能，可以对养老产业目标群体的特征进行大数据研究与跟踪分析，能相应调整养老产业供应链各个环节的资源配置内容及数量，尽可能使有限的资源得到合理配置。

（六）养老产业供给侧要有必要的政策引导和资金支持

养老产业的资本主要来自民间，政府要发挥政策引导和资金支持作用。政府要培育公平竞争的市场环境，给予养老产业体系中倾向性、急需性的产业政策优惠和适当的资金支持。但在养老产业的发展中，要更多发挥市场在资源配置中的决定性作用。

养老产业与一般产业的不同之处在于，养老产业是针对特殊群体提供产品和服务的产业，包括生产、经营、服务等活动。养老产业不能仅以追求经济效益为目标，而是要兼顾经济效益与社会效益，所以养老产业与养老事业应并行发展。养老服务虽然是一项社会事业，但是在追求社会效益的同时，它也能带来很好的经济效益。因此，在发展养老服务方面，一方面要强调养老服务的福利性，力求为老年人群提供无偿和低偿服务，让他们共享社会发展成果；另一方面还要强调养老服务的产业性，力求实现养老服务的市场化、经济化和社会化。

养老产业涉及的内容很多，随着老年人口的快速增加，养老市场这片“蓝海”正等着我们去开拓，未来随着养老观念、养老需求、养老经济发生巨大改变，养老市场的空间会变得更加广阔，现有市场中新产品和新模式不断涌现，突破性增长业务快速增长，同时新市场、新细分行业甚至全新行业出现，战略性新业务开发越来越活跃。

积极推进我国养老产业供给侧结构性改革，是积极应对人口老龄化的客观需要，也是开发养老产业市场潜在需求、培育经济新增长极的客观需要。养老产业供给侧结构性改革能激发民间资本参与养老产业的热情，激活经济发展新动能，实现我国经济的高质量发展。

第五章　我国养老产业服务众包模式的提出

第一节　养老产业服务众包模式界定

社会经济正在向服务经济、数字经济和创新经济转型，现代服务业的发达程度和服务创新能力已经成为经济增长和效率提升的助推器。随着经济的发展和生活水平的提高，人们对服务的个性化、精细化、便捷化的要求越来越高，同时更加注重服务过程体验与顾客感知价值，因此单靠一家或几家公司已难以满足社会多样化、多层次的服务需求。

一、服务众包模式的概念

服务众包模式是指将原来由一家或几家公司或机构提供的服务，通过信息共享平台以一定方式让更多的公司或机构来提供的模式。服务众包模式具有高度定制化、用户高度参与及服务高度专业化的特点，它是信息技术发展到一定水平后出现的商业模式。

服务众包与服务外包在概念和操作上有相同之处，两者都是把自己承担的项目委托给其他组织或个人来实施。但服务外包是指组织将某一项目通过项目委托方式交给另一方实施，强调的是委托关系，通常采用封闭式的投标筛选方式，有严格的选拔和考核机制，中标的服务商需要承担项目责任，服务商具有高度专业化的能力；而服务众包则是指组织将某一项目通过项目发布方式交给多方实施，众包是针对服务提供方（受托方）而言的，强调的是大众参与，往往是开放式的，对参与者的资质审核较为宽松，参与者有更多自主权，交易双方相对平等。服务众包在一定程度上属于服务外包。

二、服务众包模式的种类

与服务外包模式相似，服务众包模式也是通过委托方式将项目交给接包方来运营。在服务众包模式下，组织可以把有些自己不熟悉或不擅长的工作流程通过合同或协议关系委托给专门运营该业务的服务商，从而降低成本和提高效率，在更大范围内获得更多的共享资源，实现社会效益和组织效益的最大化。常见的服务众包模式有购买服务模式、委托运营模式、公私合营模式等。

（一）购买服务模式

一般意义上的众包都是基于合同业务管理的众包，合同双方为发包方（委托方）与接包方（承接方），根据合同内容，发包方把业务交给接包方执行，采用购买服务模式进行业务管理。接包方承担大部分或全部的投资与业务管理工作，并承担投资风险。发包方根据业务的绩效与合同约束购买服务，但不负责接包方的投资风险。

（二）委托运营模式

委托运营模式是委托方将已经建立的业务及与其相关的资源或设施以委托方式交给第三方运营，委托方要承担投资风险，承接方只承担营运与维护业务等相关工作，在合同期内业务承接方不拥有资产的所有权，待运营期限届满后承接方须将资产交还给委托方。

（三）公私合营模式

公私合营模式（Public-Private Partnership，PPP）是指政府与社会资本合作，对公共基础设施或服务进行的一种项目众包运作模式。政府为项目委托方，私营企业或民营资本为项目承接方，政府主要承担项目的发展规划与决策、项目运营监督等公共服务职能，社会资本则承担项目的设计、建设、运营、维护等工作，通过“使用者”付费消费及一定范围的“政府付费”使社会资本获得合理的投资回报。公私合营模式的运用可以推动政府简政放权，加快政府职能转变，有效整合社会资源，盘活社会存量资本，拓展企业发展空间，提升经济增长动力。

三、服务众包模式的优势

服务众包思想并不是一种新的思想，从经济学角度来看，服务众包是劳动分工的结果和比较优势的体现，通过服务众包让更多专业的组织和人员来承担业务内容，从而体现出组织和个人的比较优势与绝对优势。从管理学角度来看，通过服务众包让供应链中所有的业务内容都由专业的组织和人员来承担与完成，使供应链的价值得到更好的提升；同时，通过服务众包，组织和个人也能更好地体现自己的核心竞争力，每个组织或每个人在供应链中都提供了自己最具核心竞争力的业务内容。

（一）服务众包模式能快速提升供给能力

产品和服务的供给都要靠投入一定资本要素来实现，服务众包模式能使已经有某种产品或服务供给能力的组织在不追加资本要素投入的情况下实现该种产品或服务的供给，能使更多的组织投入该种产品或服务的供给中，快速提升社会供给能力。

（二）服务众包模式能挖掘稀缺资源

通常所说的资源稀缺是指资源的相对稀缺，资源稀缺可能是由流动性不足或信息不对称引起的，通过服务众包项目需求的发布，能找到拥有充裕的相对稀缺资源的组织和个人，优化社会资源配置。

（三）服务众包模式能实现供给决定需求

萨伊定律的核心思想是“供给创造自身的需求”，目前市场中提供的产品和服务很多不再是由单纯的需求引起的，而是市场中提供了什么产品和服务，就会引导消费者消费这些产品和服务，然后市场中的需求量又反过来决定这些产品和服务的供给量。通过服务众包，能在市场中提供更多具有融合性、创新性的产品和服务，引导消费者的需求，刺激消费者消费，从而使提供这些产品和服务的组织获取更多用户。

（四）服务众包模式能产生激发网络效应的平台

服务众包本身就是一个互联网概念，就是先通过网络发布需求信息，然后再通过网络让更多的组织和个人加入需求产品和服务的供给中，从而实现共享经济，让供给与需求在平台上无限循环，释放出惊人的能量。同时，通过服务众包，越来越多的数据信息汇集到这个平台，更多的第三方应用程序加入这个平台，最终实现需求方、供给方和第三方平台的三方共赢。

（五）服务众包模式能建设共情的社群

在服务众包模式下，一般都有共享平台，供给方和需求方可以通过共享平台建立社群，从而在需求方之间、供给方之间、供给方与需求方之间产生相互依存的关系，并让各方感受到自己在这个社群中发挥的作用。社群中的核心群体因具有极强的归属感，逐渐成为社群的中坚力量，当然社群也需要良好的运营与管理，只有这样才能使社群发展与组织发展相一致。

第二节　养老产业服务众包理论基础

我国的养老服务模式主要为居家养老模式，由于服务的对象分散在每个家庭，即使居家养老以社区为依托，也很难使每个社区内的养老服务需求都得到满足，居家养老服务供给与需求的分散性要求居家养老支撑体系必须建立能有效整合养老服务需求与供给的资源平台。另外，由于老年群体识别能力与判断能力的下降，养老服务供需错位的现象仍然存在，养老服务需求难以满足，养老服务供给找不到市场。为此，政府需要重新规划自己的社会职能，在大力发展养老事业的同时，引导与规范养老产业的发展，为养老服务需求与供给的对接搭建有效平台。基于现代社会组织分工日趋精细和社会服务创新理念，本研究提出养老产业服务众包模式，构建具有中国特色的居家养老社会服务支撑体系。用好各方资源、集中各方智慧、汇聚各方力量来加快养老服务业的发展，是积极应对人口老龄化的必然选择。

一、养老产业服务众包体系

事实上，养老产业并不是完全独立自成体系的产业部门，它存在于国民经济体系的各大产业之中。采用服务众包模式，可有效利用各成熟产业的运营机制发展养老产业。政府出政策，社区和家庭提供环境，企业提供养老产品和服务。采用服务众包模式，可有效利用社会资源，使养老产业专业化、系统化。未来，养老专用产品研发、养老健康咨询服务、养老日常家政服务、养老医疗保健康复服务、养老娱乐休闲服务、养老金融保险服务等都将以服务众包模式运营，它们也必将在未来的养老市场中发展成为主流。老年人群孕育着巨大的产业空间和市场潜力，政府、社区及老年个体可以将更多业务通过服务众包模式交给更专业的行业服务机构运营，最终实现政府、服务机构、家庭、老年人的多方满意与共赢。同时，采用服务众包模式，还能带动更多企业参与到居家养老服务中，“银发产业”将有更大潜力成为“朝阳产业”。

二、养老产业服务众包的理论基础

（一）公共服务合同众包理论

公共服务合同众包是把民事行为中的合同引入公共管理领域，就是以政府为主的公共组织通过合同谈判的方式把某些具体的生产职能和公共服务的供给职能转移给私营企业或其他社会主体，政府负责提供资金或硬件设施，非政府组织根据合同规定的内容提供公共服务。

传统的公共选择理论的支持者倡导公共服务合同众包，他们认为，合同众包能让公共组织形成规模经济，避免以高昂的劳动力成本供给公共服务，以竞争激励提高供给效率，从而克服官僚制的无效率。

合同众包有狭义和广义之分。狭义的合同众包仅指众包对象为私营部门或非营利部门的合同众包；广义的合同众包是将政府间的协议或合作也视为合同众包，一个政府可以雇用或付费给其他政府以提供公共服务。服务责任在不同行政区域间重新配置和调整，目的在于更好地解决地区性问题，并解决日益上升的成本问题。

（二）多中心治理理论

以奥斯特罗姆夫妇（Vincent Ostrom and Elinor Ostrom）为代表的制度分析学派提出了多中心治理理论，强调公共部门、私人部门、社会组织均可成为公共服务的供给者，从而把多元竞争机制引入公共服务的供给过程中。以“权力分散、管理交叠和政府、市场、社会多元共治”为特征的多中心治理很好地解决了单中心治理的不足。

具体来说，多中心治理理论代表着一种新的公共管理理念和模式，该理论主张下放管理社会的权力给地方政府和社会自治组织，建立包括公共部门、私人部门、社会组织等在内的协调合作式的多中心治理网络。与政府相比，社会其他主体在提供公共服务方面具有针对性强、创造性突出、花费少、见效快等特点。因此，可以把公共服务的生产和供给分开，由社会组织和市场力量来提供公共服务，政府则以购买服务的新方式付费购买由社会组织提供的公共服务，从而实现优势互补，满足更多人的基本需求。现代政府是有限政府，即政府能力有限、职能有限、权力有限、责任有限，因此现代政府也是多中心治理模式下的服务型政府。政府只有提供充足优质的公共服务，才能证明自己存在的合法性。服务型政府是指拥有有限管理社会的权力，对经济社会管理负有限责任，通过向市场主体提供公共服务等方式，实现对市场主体互动式管理的政府模式。这种多中心治理观念反映了政府本位的淡化和社会本位的回归。在这种社会治理模式中，社会本位的理念能得到全面释放，“人本、责任、服务”与“参与、合作、互动”的精神能得到真正体现。

（三）社会福利社会化理论

2000年，民政部等11部委联合印发《关于加快实现社会福利社会化的意见》，明确指出以市场为导向，从社会实际需求出发，加大基础设施建设力度，坚持社会福利社会办的原则，大力推进社会福利社会化，逐步建立起与社会主义市场经济体制和社会发展相适应的社会福利事业管理体制和运行机制，促进社会福利事业健康有序地发展。同时，文件还提出了推进社会福利社会化的基本途径，即投资主体多元化、服务对象公众化、运行机制市场化、服务方式多样化及服务队伍专业化。

社会福利社会化理论是在福利多元主义理论基础上提出的具有中国特色的理论，该理论强调提供社会福利时，投资主体要多元化，服务对象要面向广大社会群众，服务方式要多样化，运行机制要市场化及服务队伍要专业化。具体到我国的养老产业，就是不能仅依靠政府投入，应采取多样化的投入方式，建立多元化的养老服务模式，为老年人群提供多样化的养老服务，从而满足老年人群多样化、多层次的养老需求。

社会福利社会化理论要求社会参与到社会福利建设中，不是单纯依靠政府的力量进行社会福利建设，而是依靠社会各界的力量，吸收社会中的有利因素投入社会福利建设中，提高社会福利建设的水平，促进社会福利事业的发展。

（四）养老服务产业理论

养老服务包括与老年人相关的医疗服务、餐饮服务、娱乐服务、养生服务、旅游服务、陪护照顾服务等，养老服务产业是指由这些服务行业形成的一个具有相关性的产业化、专业化的服务链，是一个综合性的第三产业。

养老服务产业作为现代服务业的一种，服务对象定位于老年人，是为了满足老年人多样化、多层次的需求而形成的一个专业化、一体化的产业链，养老服务产业链涉及医疗服务业、餐饮服务业、娱乐服务业、养生服务业、旅游服务业等多个行业，所以养老服务产业是一个综合性的服务产业。

养老服务产业采用先进的管理运营模式，为老年人提供多样化的专业服务，并获取商业利润，这是养老服务商业化的体现，也是发挥养老服务市场优势的体现。养老服务产业是一个新兴的朝阳产业，它的发展有利于促进养老事业的发展。

第三节　养老产业服务众包模式提出

一、发展养老产业服务众包的条件优势

21 世纪的前 10 年，我国各地相继进行产业结构调整及优化，服务众包模式在各地逐渐兴起。服务众包模式具有优质资源整合、规模经济效益、服务专业至上的优势。而在我国的养老产业发展中，急需解决的问题也主要体现在这些方面。

我国的养老产业还处于摸索阶段，服务众包模式有助于克服直接大规模投资养老产业而使养老产业处于盲目和无序发展状态的弊端，这在一定程度上降低了企业对养老产业发展估计不充分、预见性不强的风险。养老产业并不是完全独立自成体系的产业部门，它存在于国民经济体系的各大产业之中。采用服务众包模式，可有效利用各成熟产业的运营机制发展养老产业。由于养老市场是一个规模庞大、结构多元的老年消费市场，充分利用服务众包模式，可使老年消费市场健康、平稳、可持续发展。

我国已经步入人口老龄化社会，老年人口占总人口的比例逐年提高，养老服务产业的潜在需求逐渐增大。随着我国经济的高速健康发展和人民生活水平的普遍提高，越来越多的人有能力选择商业化养老

方式。近年来，我国社会发展也经历了深刻变化，养老保障制度的不断完善和人们思想观念的不断转变为商业化养老服务体系的建设提供了良好的机遇与环境。

（一）养老保障制度不断完善

根据2021年的《政府工作报告》，“十四五”时期，基本养老保险参保率提高到95%，推进基本养老保险全国统筹，规范发展第三支柱养老保险，完善全国统一的社会保险公共服务平台，健全多层次社会保障体系，加强基本民生保障。养老保险制度的建立和完善，是深化改革和治国理政的重要成果，是以人为本理念的生动体现。作为国家治理体系建设的重要内容和阶段性成果，我国在“十三五”期间，加大改革力度和资金投入，建成了世界上规模最大的社会保障体系，其中关键的是通过养老保险基本实现了老有所养。养老保险制度日趋完善，基本养老保险覆盖近10亿人，确保了养老金按时足额发放，实现企业养老保险基金省级统收统支。养老保险制度建设已经取得的显著成果，让城乡居民更多地分享到经济社会发展成果。在我国目前养老保险体系的三个层次中，第一层的基本养老保险制度已经基本健全，职工养老保险加上城乡居民养老保险两个平台覆盖近10亿人；第二层的企业年金、职业年金制度初具规模，覆盖了5 800多万人，并在逐步完善；第三层的部分，将建立“以账户制为基础、个人自愿参加、国家财政从税收上给予支持、资金形成市场化投资运营”的个人养老金制度。养老保险作为实现老有所养的基本制度，是确保社会稳定的重要基础。养老保险制度需要持续完善，以便稳步提高老有所养的保障能力。我国退休人员基本养老金发放标准持续提高，是老有所养保障水平提升的体现。从2005年起，企业退休人员基本养老金水平16连涨，2019年提高到2 700多元，比2015年增长20%以上。把灵活就业人员纳入养老保险范围，达到应保尽保，实现全覆盖，是近几年党和政府在健全多层次社会保障体系中重点推进的事项。

（二）国家重视程度不断提高

我国提前进入老龄化社会的问题已经引起党和国家的高度重视。《中华人民共和国国民经济和社会发展第十四个五年规划和2035年远景目标纲要》首次提出将积极应对人口老龄化作为国家战略，推动养老事业和养老产业协同发展。国家对养老事业和养老产业都高度重视，2019年中共中央、国务院发布的《国家积极应对人口老龄化中长期规划》作为我国一份战略性、综合性、指导性文件，明确提出“健全以居家为基础、社区为依托、机构充分发展、医养有机结合的多层次养老服务体系，多渠道、多领域扩大适老产品和服务供给，提升产品和服务质量”。为支持养老服务业发展，国家出台多项政策。国家放宽市场准入条件，以法律制度建设推进养老服务“放管服”改革，同时从资金、人才、税收、土地等多方面给予支持，为险资参与养老产业创造政策条件。另外，商业养老保险作为养老服务业的重要一环，国家对其的支持力度也在不断加大。2019年，国务院办公厅印发《关于推进养老服务发展的意见》，提出确保到2022年在保障人人享有基本养老服务的基础上，有效满足老年人多样化、多层次养老服务需求。近几年，我国关于养老服务的政策密集出台，助推着百万亿规模的养老产业春天的到来。

（三）多层次社会养老服务体系逐步建立

随着经济社会的发展，我国已经逐步建立起由居家养老、社区养老、机构养老等组成的多层次社会养老服务体系。居家养老服务涵盖生活照料、家政服务、康复护理、医疗保健、精神慰藉等内容，以上门服务为主要形式。社区养老服务是居家养老服务的重要支撑，具有社区照料和居家养老支持两类功能，主要面向家庭暂时无人或者无力照护的社区老年人。机构养老服务是老年养护机构和其他类型的养老机构提供的基本养老服务，主要面向失能、半失能的老年人。

长期以来，我国的养老模式一直以家庭养老为主，但是随着经济社会的转型及家庭规模的缩小和结构的改变，居家养老功能不断弱化，社会对专业化养老机构和社区服务的需求与日俱增。因此，多层次社会养老服务体系的建立和完善，为中高端养老社区的建设与运营提供了切实保障和现实可行性。

（四）养老服务事业逐渐转型

今后，我国养老服务事业将向以下五个方向转型：从家庭保姆照料到专业护理员照料的转型；从以家庭赡养为主到以社会制度性保障为主的转型；从保障老年人衣食住行基本生活到向老年人提供生活照料、康复护理、情感慰藉等服务的转型；从传统的经验性管理到标准化管理的转型；从以政府为主办养老院、敬老院到公办与民办同步发展的转型。

养老服务事业的转型呼唤全方位、专业化、标准化、社会化的养老事业与养老产业蓬勃发展，为提供中高端服务的商业化社区养老的发展提供了机遇和现实土壤。

（五）社会投资热情逐渐高涨

《社会养老服务体系建设规划（2011—2015 年）》指出，政府引导和支持社会力量兴办各类养老服务设施，参与养老服务设施的建设、运行和管理，各级政府可以根据实际需要给予适当的政策扶持。《中华人民共和国国民经济和社会发展第十四个五年规划和 2035 年远景目标纲要》提出，推动养老事业和养老产业协同发展，健全基本养老服务体系，大力发展普惠型养老服务，支持家庭承担养老功能，构建居家社区机构相协调、医养康养相结合的养老服务体系。完善社区居家养老服务网络，推进公共设施适老化改造，推动专业机构服务向社区延伸，整合利用存量资源发展社区嵌入式养老。

我国属于“未富先老”的国家，老年人口基数庞大，财政力量有限，政府主要承担福利性、保障性的机构养老职责。而中高端的养老服务则需要依靠社会力量来提供，因此要充分发挥社会力量的主体作用，满足老年人多样化的养老需求。社会资金参与养老事业将逐渐成为一种趋势。

（六）养老思想观念逐渐转变

居家养老是中国人的传统观念，通常只有无子女、子女无赡养能力、子女不肯赡养的老人才进养老机构或养老社区，居家养老是我国养老的主要模式。但是，近年来我国的社会生活发生了深刻的变化，子女因工作和社会压力而没有时间和精力赡养多位老人。处于高龄、空巢、孤独、病残状态的老年人，如果无法获得社会支持，居家养老潜在的风险会很大。因此，现在越来越多的子女和老人已经意识到必须转变自己的思想观念，更多经济条件允许的老人开始选择能够提供高品质专业服务的社区养老或机构养老，在某些经济发达地区，专业化的社区养老甚至出现了供不应求的局面。

人们养老思想观念的逐渐转变和收入水平的不断提高，为养老事业的商业化发展提供了广阔的市场空间。

二、养老产业服务众包模式

发展养老产业服务众包模式可加强政府、养老机构、企业之间的关联。政府出政策，养老机构提供环境，企业提供养老产品和服务。采用服务众包模式，可有效利用社会资源，使养老服务产业专业化、系统化。老年物联网产业、老年电子商务产业、老年呼叫中心产业、老年金融服务产业、老年健康服务产业、老年物流服务产业等都将以服务众包模式运营，也必将在未来的养老市场中发展成为主流。因老年人群存在着巨大的市场潜力，未来政府、社区及老年人本人将有更多业务通过服务众包模式交给更专业的行业服务机构运营，最终实现政府、服务机构、家庭的多方满意与共赢。

目前，我国的养老服务体系以居家养老服务为主要内容，因此如何满足老年人的居家养老服务需求成为养老产业发展模式构建时首先要考虑的因素。基于此，本研究提出养老产业服务众包的模式，认为我国的养老产业应以养老市场的需求和供给为立足点，体现市场主导的运营理念，让企业或社会组织乃至第三方公益组织成为养老产品和服务的主要提供者，政府只对这些企业或组织给予政策上的引导和支持，并对其运营进行监督。

在具体的养老服务提供方面，要满足绝大多数居家养老的老年人的养老服务需求，仅依靠实体的养老服务中心或者养老服务产业园是远远不够的。为此，本研究提出应在建立养老服务中心和养老服务产业园的基础上，构建养老产业市场信息服务平台系统（服务云），整合社会资源，规范养老市场，制定养老市场运作的准入制度与运营标准；养老服务需求方通过该平台寻求产品或服务；养老产业中的相关企业或组织通过该平台提供养老服务机构所需的产品或服务。让需求方与供给方全部置身于市场中，让市场发挥主导作用。养老产业服务系统（水滴系统）囊括满足养老需求的所有服务内容，包括养老专用产品研发系统、养老健康咨询服务系统、养老日常家政服务系统、养老医疗保健康复服务系统、养老娱乐休闲服务系统、养老金融保险服务系统、老年人力资源开发利用系统及未来新增的养老其他需求服务系统。养老产业服务众包模式结构如图 5-1 所示。

在养老产业服务众包模式中，养老产业中的相关企业或组织通过养老产业市场信息服务平台系统（服务云）获取养老服务需求方（老年人）的各种服务需求，再通过养老产业服务系统（水滴系统）为老年人提供多样化的服务。老年人同样通过养老产业市场信息服务平台系统（服务云）获取自身所需的服务。政府除了为老年人和提供养老产品或服务的相关企业或组织搭建云服务平台外，还对提供养老产品或服务的相关企业或组织进行监管，以确保其提供的养老产品和服务的品质；同时也对老年人进行跟踪调查，收集老年人目前的养老状态及对相关产品或服务的满意度，及时了解老年人的真正所需，制定相关的政策或完善相应的法律、法规来保障老年人的衣食住行，满足老年人多样化、多层次的养老服务需求。进入养老服务市场的各企业或组织可以通过养老产业市场信息服务平台系统（服务云）了解养老服务市场中其他企业或组织所提供的产品和服务，然后通过

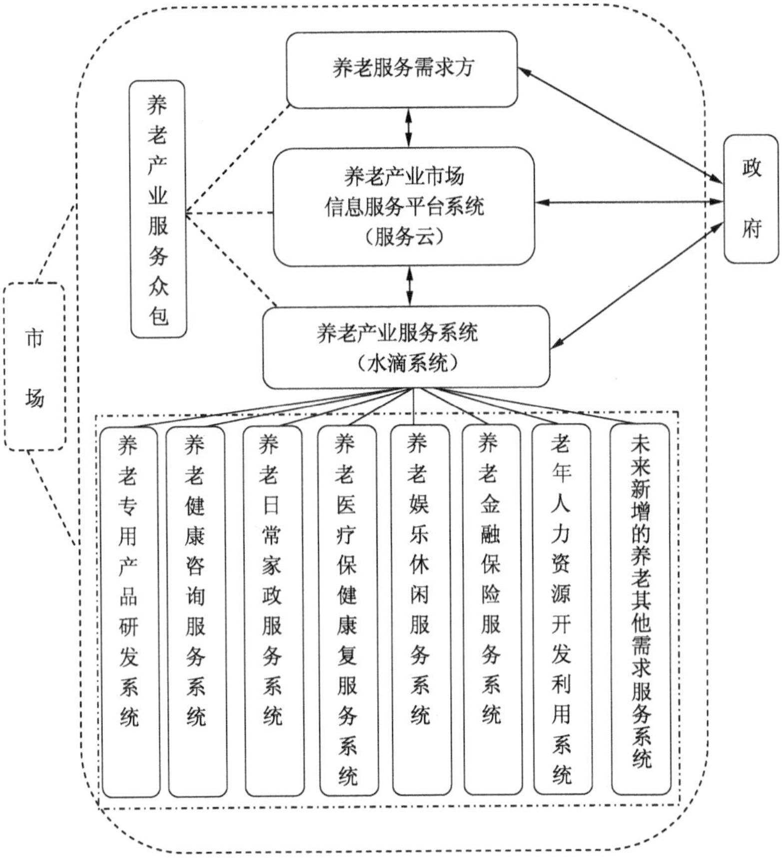

图 5-1　养老产业服务众包模式结构图

该平台进行交流与合作，从而整合自身资源，提升技术水平和产品质量。养老产业服务众包模式下建立的养老产业市场信息服务平台系统（服务云），能有效整合社会的相关资源，实现信息共享，使养老产业更加规范化、集成化，方便为老年人提供更全面的服务，以有效解决日趋严重的人口老龄化带来多样化、多层次养老服务需求的问题。

第四节　养老产业服务众包国内雏形

我国很多城市先后步入老龄化社会，针对养老产业发展模式的研究逐渐成为社会关注的焦点。从一些城市养老产业发展的成果可以看出养老产业服务众包模式的雏形。在实践中，各城市因地制宜，创造和形成了各具特色、多种多样的养老服务模式。

一、北京“养老服务产业园”

随着人口老龄化进程的加快，北京市已经进入应对人口老龄化的关键时期。为了应对人口老龄化，北京市提出“9046”养老服务发展目标，即90%的老年人在社会化服务协助下通过家庭照顾养老，6%的老年人通过政府购买社区照顾服务养老，4%的老年人入住养老机构集中养老。北京市统筹谋划居家养老、社区养老、机构养老发展，制定政策撬动养老服务市场，扶持社会力量参与提供养老服务。北京市明确政府投资建设的现有养老机构应采取社会化、产业化运营模式，新建养老机构原则上采取政府公共财政购买养老机构运营服务的模式。为了推动养老服务产业发展，北京市养老服务发展基金通过投入资金、项目补贴、贷款贴息等方式，吸引社会资本投资养老服务业。其中，重点扶持的项目包括老年人生活照料、医疗护理、康复保健、文化教育等服务，以及为老年人服务的产品研发、生产、展销等。北京市还将依托中关村国家自主创新示范区、亦庄国家高新技术产业开发区，统筹建立“养老服务产业园”。这个产业园将统筹建设包括老年产品研发、生产、物流配送、展览销售等在内的一体化产业链条。

北京市人民政府的这一系列举措，已经初步确立了北京市养老服务的众包模式，把养老问题的解决放到市场中，从市场中寻找解决问题的方法和力量。从吸引社会资本投资养老服务业到建立养老服务产业园均由市场主导，政府在养老服务众包模式中扮演了“支持者”角色，即由政府出台政策引导、搭建服务平台，让社会力量发挥其主体作用，成为养老服务市场的真正主角。老年人可以通过政府为其举办和建设的养老机构、养老服务产业园等实体服务平台寻求自身所需的服务。

二、上海“没有围墙的养老院”

上海是我国最早进入老龄化社会的城市，也是我国老龄化程度最严重的城市。为了应对日益严峻的老龄化形势，上海市探索出并发展完善了“9073”养老服务格局，即90%的老年人在家庭养老，7%的老年人依靠社区养老，3%的老年人入住机构养老。黄浦区开展“社区养老服务合作社”试点，打造“没有围墙的养老院”，按照“尽力而为，量力而行”的原则，为社区老人提供基本服务，帮助老人实现不离家、不离熟悉社区的养老愿望。

上海“没有围墙的养老院”采取政府保证基本、社会积极参与、家庭合理分担的方式，是对我国社区养老模式的新探索，反映了养老服务体系的建设需要建立在服务众包的基础之上。只有社会各方积极参与，家庭尽力分担，才能让社区养老发挥其真正的作用。上海居家养老服务模式虽然尚处于探索阶段，但由于居家养老所占的比重达到90%，所以上海要求充分发挥政府的作用，通过简政放权，创新体制机制，激发各方活力，发挥市场在资源配置中的基础性作用，积极汇聚全球资源、吸引全社会力量参与提供养老服务，这样才能实现养老服务的多样化、产品的多元化发展，才能不断满足日益增长的养老服务需求。服务需求方通过养老服务中心或政府搭建的其他信息平台将自身的需求及时、全面地反馈给服务提供方，服务提供方根据服务需求方的需求有针对性地研发、生产或提供养老产品或服务；政府也可以针对养老服务需求，将可以满足这些需求的服务提供方引入养老服务中心或养老服务产业园，为所有的老年人提供优质、高效、专业的养老服务，而这种模式便是服务众包模式。

三、南京“居家养老服务网”

2003年11月，南京市鼓楼区在全国率先创建“居家养老服务网”，以政府购买服务的方式与社会养老机构合作，免费为孤寡、独居老人和困难老人提供买菜做饭、清洗衣被、打扫居室、陪同看病等生活照料服务。经过多年探索，运行制度日臻完善。

这一模式最大的特点是政府购买服务、社会组织运作。从鼓楼区的具体实践来看，政府很好地定位了自己在居家养老服务中的职能和责任，建立了较为完备的公共财政投入机制，由市、区两级财政按比例安排资金，同时将该项支出纳入养老事业专项经费预算并逐年递增。通过补贴的形式，购买专业服务机构的养老服务。项目委托、管办分离，也是一大特色。目前，鼓楼区人民政府向“心贴心老年人服务中心”购买服务，就是通过项目委托的方式进行的，实现了管与办的分离。鼓楼区人民政府还建立了区、街道、社区居委会三级评估网，委托第三方机构——江苏天人家庭研究中心，组建专业评估队伍，对“居家养老服务网”进行专业评估。另外，由街道组织社区老年人协会的会员，定期走访老人，了解服务满意度并及时反馈，实行社区老年人协会监督机制。鼓楼区人民政府在养老服务体系中，把养老具体业务交给了专业的社会组织，这也是服务众包模式的体现。

四、苏州“邻里情”虚拟养老院

2005 年，苏州市人民政府印发了《苏州市加快发展养老服务事业的意见》，明确提出：“到 2010 年，全面建成以居家养老为主体、社区服务为依托、机构养老为辅助，覆盖全体老年人的养老服务保障体系（即苏州模式）。”目前，这一养老模式已基本形成，同时苏州也已成为全国居家养老服务推行的模范和典型。

与其他模式相比，苏州市姑苏区“邻里情”虚拟养老院无论是在运作理念、运行机制还是在运行手段上都极具创新意义，而且该模式还具有相当程度的可借鉴性和可推广性。

苏州市姑苏区“邻里情”虚拟养老院模式是一种“政府承担、定向委托、合同管理、评估兑现”的新型公共服务提供方式，其运作机制和服务模式符合“小政府、大社会”的社会转型趋势，是政府机构改革的重要内容，也是建立新型政社关系、培育社会组织的重要途径，是地方政府探索社会管理模式的一种创新。苏州市姑苏区“邻里情”虚拟养老院所提供的服务项目主要有家政便民、医疗保健、物业维修、人文关怀、娱乐学习、应急救助 6 大类 55 项，几乎涵盖日常生活照料的所有内容。其中，洗衣烧饭等家政便民类有 17 项，修理水电等物业维修类有 14 项，陪同就医等医疗保健类有 13 项，生日提醒等人文关怀类有 8 项，还有娱乐学习类 2 项和应急救助类 1 项。虚拟养老院提供的家政便民、医疗保健、物业维修服务归为日常生活照料服务，人文关怀、主动问候服务属于精神慰藉方面的服务。老年人只需要根据自己的需求，打一个电话下单，虚拟养老院便会派服务人员前来提供相应的服务。目前，苏州市姑苏区“邻里情”虚拟养老院提供的服务主要是家政便民类和主动问候类服务，而这种主动问候是话务员通过打电话的方式和老人沟通。以苏州市姑苏区“居家乐”虚拟养老院构建“服务管理信息化、服务产品项目化、服务模式主动化”的“没有围墙的养老院”（2010 年获得了 ISO 9001：2008 国际质量管理体系认证）为代表的发展模式已成为全国居家养老服务模式的典型。

五、国内养老模式的未来探索

我国现在的养老模式主要有居家养老、社区养老和机构养老，居家养老更符合中国人的传统观念。多数老年人选择居家养老，这既符合老年人的心理，也契合当前的经济发展水平。但是，随着社会生活的深刻变化及家庭的小型化，老年人在家养老越来越成为家庭的负担，同时老年人的生活质量也难以得到保障。另外，我国面临“未富先老”的局面，多数老年人的经济条件还不足以支撑其进行机构养老，现阶段养老机构也只能承担福利性、保障性的基础养老职责。我国养老服务的对象正由过去的特定人群向社会公众拓展，社会福利由“补缺型”向“适度普惠型”转变，以居家养老为主体、以社区养老为依托、机构养老充分发展、医养有机结合的多层次养老服务体系是适应我国国情的养老服务体系。

从我国各城市的养老服务体系发展情况来看，养老服务要在一个经济尚不发达和人口众多的地区发展，只有引入准市场竞争机制，充分发挥市场和政府的双重优势。政府应当扮演掌舵者的角色，更多地致力于社会服务制度建设，制定和实施有关规划、完善相关政策，对服务机构实行有效的监督和管理，保证有关政策目标、规划的真正实现。在此基础上，大力发展养老产业，建立企业化家政员队伍，吸收自愿加入且具有良好信誉的社区经营户加盟，建立社区养老服务网络。由于我国对老年人的照料护理服务在很长一段时期内还没有条件走普遍福利化道路，因此探索市场化、产业化的发展之路来满足多样化的养老服务需求显得尤为重要和迫切。事实上，养老服务的排他性使其具有一定的可收费性，这也为养老服务的产业化提供了基础。就目前各地养老服务发展态势来看，养老服务正在从特定对象服务向普通市民服务拓展，自费服务快速增加，服务产业市场份额不断增大，养老服务产业呈现出良好的发展态势。

第六章
我国实施养老产业服务众包模式的可行性分析及需要解决的问题

第一节　我国实施养老产业服务众包模式的可行性分析

随着我国人口快速老龄化，失能、失智老人增多，家庭规模缩小，人口流动日益频繁和老年家庭“空巢化”，传统的家庭养老功能正在逐渐弱化。过去 30 多年独生子女政策的普遍实施和随之而来“421”家庭的逐渐增多使我国的养老问题日益突出。在中国，服务众包养老模式还是一种新兴的养老模式，它能与传统的家庭养老模式形成优势互补。同时，政府一直高度重视养老事业和养老产业的发展，在未备先老、未富先老的国情下，我国出台各类政策积极应对快速老龄化问题，市场上各类企业也应积极参与其中。随着我国社会、经济与技术的快速发展，我国发展养老产业服务众包模式已基本具备政策、经济和技术上的可行性。

一、养老产业服务众包模式的政策可行性分析

我国提出要加快养老事业发展，坚持党政主导、社会主体、全民

参与，统筹推进城乡、区域养老事业协调发展，围绕提高老年人生活水平和生活质量，加快建立覆盖城乡老年人的社会养老和医疗保障制度，进一步健全社会化养老服务体系，大力发展养老服务产业，推动养老事业发展与经济社会发展相协调，在更高层次上实现“老有所养、老有所医、老有所教、老有所学、老有所为、老有所乐”的养老服务目标。

（一）激发各类市场主体活力，服务众包夯实养老产业基石

在开展养老产业服务众包工作中，政府必须激发各类市场主体活力，进一步完善扶持优惠政策。国家和各省市通过土地划拨、规费减免、贷款贴息、床位建设补贴、床位运营补贴、以奖代补、购买服务等方式，吸引和鼓励社会资本投资兴办福利性和非营利性的老年公寓、老年康复中心、托老所、老年护理院等养老服务设施，并在土地使用上优先安排。认真落实养老服务机构税收减免政策，对福利性和非营利性的养老服务机构免征营业税，符合条件的免征企业所得税，对养老服务机构使用土地和自用房的免征城镇土地使用税、房产税。养老服务机构用水、用电、用气按民用收费标准执行，安装电话、网络、有线电视实行价格优惠。对新建养老服务设施的市政公用设施配套费酌情给予减免。此类政策性的扶持能极大地激发各类市场主体积极投入养老产业之中。

（二）加快信息平台建设，服务众包引领养老产业发展方向

通过养老产业服务众包，能搭建养老服务信息平台，充分利用各类声讯、网络资源，为老年人提供及时有效的救助关怀等方面的服务，做到服务载体信息化。制定社会养老服务效果评估办法，全面提高社会养老服务质量和水平。通过制定并完善养老服务机构建设标准，服务众包云平台将能提供以下相关数据：服务项目和服务方式；护理、康复、医疗、教育、娱乐、心理关爱等各项具体服务项目的内容和标准；服务人员岗位职责和技能培训情况；等等。

（三）大力培育养老服务产业集群，服务众包集合最大资源

针对老年人不断增长的服务需求，加快发展养老服务产业。将养老服务产业纳入现代服务业统一规划、统一部署，着力培育一批大型养老服务龙头企业，打造一批养老服务知名品牌。将发展养老服务产业与拉动消费、增加就业岗位结合起来，推动养老服务业产值明显增长，使之成为我国服务业发展新亮点。鼓励和扶持开发老年产品，引导企业生产满足老年人各种需求、门类齐全、品种多样、经济适用的老年用品。优先发展养老护理、康复保健、社区服务、老年特殊用品等产业。大力发展老年旅游业，推出适宜老年人的旅游线路和服务项目。积极开发符合老年人特点的理财、保险等其他产品。培育老年消费市场，鼓励商家设立老年用品专柜，举办老年产品展示会，促进流通、扩大销售。引导老年人更新消费观念和行为，促进老年消费市场的繁荣与发展。

二、养老产业服务众包模式的经济可行性分析

养老产业服务众包通过政府参与将养老需求与供给有效联结起来，服务众包能充分挖掘养老需求与供给资源，并通过统一平台让两者达到平衡，它是一种特殊的服务市场平台。

（一）服务众包能实现养老产业供需平衡

随着我国老龄化进程的加快，国家对养老产业支持力度加大，利好政策不断。据相关研究显示，到 2030 年，我国养老产业规模有望达到 20 万亿元以上。这一市场空间是以老年退休金和政府补贴为有力后盾的。据全国老龄委调查，到 2050 年左右，我国老年人市场的年需求将达到 5 万亿元。与老年人市场的巨大需求相比，国内市场的供给能力并未能与之匹配，目前我国每年为老年人提供的产品不足 1 000 亿元，供需之间存在巨大缺口。

养老产业服务众包模式下建立的养老产业市场信息服务平台系统，能有效整合社会相关资源，实现信息共享，使养老产业更加规范

化、集成化，方便为老年人提供更全面的服务，以有效解决日趋严重的人口老龄化带来多样化、多层次养老服务需求的问题，使养老产业真正成为朝阳产业。

（二）服务众包能挖掘老年人的新需求

随着经济的增长和生活水平的提高，老年人的空闲时间相较于过去更多了，随着自由支配时间的增加，他们对生活的舒适性要求不断提高，更加注重老年生活的品质和丰富性。这就带动了疗养旅游、文化旅游、探亲旅游等老年旅游业的发展。除此之外，老年服装、老年家电、老年厨房用品、老年自助式健康检测设备、老年助行机器人等老年用品产业也因此受益。

在养老产业服务众包模式下，企业参与养老产业的积极性很高，在政府宏观政策的引导下，各类企业按照自身产品或服务优势加入各养老产业服务系统中，通过系统获取老年人的各种需求信息，以老年人的新需求为起点，整合自身资源，开发出符合老年人个性化需求的新产品或新服务，从而不断延伸和拓展养老产业链。

三、养老产业服务众包模式的技术可行性分析

养老产业服务众包模式能有效整合社会资源的关键是养老产业市场信息服务平台系统的有效运行，而要建立养老产业市场信息服务平台系统，就必然要依靠现代信息技术。养老产业市场信息服务平台系统要具备融合、智能、可传承三大特性。融合特性要求系统既能够融合传统技术架构，又能够融合外部数字服务，使各自独立的养老服务企业从“自力更生”走向“开放共享”；智能特性要求系统操作智能化、供需分析智能化和老年设备智能化；可传承特性要求基于开放共享、功能复用等理念打造养老产业 IT 技术架构，使其能不断适应未来变化。

我国在企业业务云化、大数据技术应用、现代信息技术融合发展等方面已取得一定成果，这为我国发展养老产业服务众包模式提供了

技术上的支撑。

（一）企业业务云化为养老产业服务众包提供技术支撑

云计算是分布式计算的一种，是指通过网络“云”将巨大的数据计算处理程序分解成无数个小程序，然后通过多部服务器组成的系统处理和分析这些小程序得到结果并返回给用户。这种思想正好与服务众包思想吻合。经过十多年的发展，云计算已从概念走向实务、从落地走向应用，全面云化的时代正在到来。云计算作为企业数字化转型的重要支撑技术，可帮助企业降低 IT 复杂性、缩短交付时间，提升资源利用率和业务敏捷性。在云计算的基础上，大数据、人工智能、物联网等数字化创新应用得到发展。云计算的 IaaS（Infrastructure as a Service，基础设施即服务）、PaaS（Platform as a Service，平台即服务）、SaaS（Software as a Service，软件即服务）三种服务模式为不同地区养老产业服务众包模式的发展提供支持，为养老产业市场信息服务平台系统的搭建与有效运行提供技术支撑。

（二）大数据技术应用为养老产业服务众包提供海量信息资产

大数据是一种规模大到在获取、存储、管理、分析方面大大超出了传统数据库软件工具能力范围的数据集合。大数据技术是采用云存储、虚拟化的基础设施服务，运用分布式处理和分布式数据库，对分布式数据进行挖掘的技术。大数据技术包括大规模并行处理（MPP）数据库、数据挖掘、分布式文件系统、分布式数据库、云计算平台、互联网和可扩展的存储系统。大数据技术在养老产业服务众包模式中的应用主要发挥以下功能：帮助养老服务企业进行大数据精准营销；帮助中小微企业进行业务转型；帮助养老产业中的相关企业或组织降低成本、提高效率、开发新产品和做出更明智的业务决策；通过对企业和老年人的点击流分析和数据挖掘来规避养老服务欺诈行为。在养老产业服务众包模式下，政府、企业、服务机构、老年人等各类主体的数据信息不断汇集到养老产业市场信息服务平台系统上，平台通过云存储、分布式处理、数据挖掘等对养老服务供需数据进行分析，最终形成一个可靠的大数据资产体系和数据服务能力，帮助养老服务企业把数据真正用起来，从而加速养老服务企业的数字化转型。

（三）现代信息技术融合发展推动养老产业服务众包的智能化发展

在整个数字产业高速融合发展的趋势下，5G、云计算、大数据、物联网、边缘计算、人工智能、区块链等现代信息技术与商业模式形成有机整体，成为泛云+智能的各类场景化服务。这种融合引发了对海量数据存储与分析的需求，以及对指数级增长的计算能力的需求。例如，物联网的万物互联带来了海量的设备接入和数据存储；而人民对智慧美好生活的需求推动着自动驾驶、智能安防、智能家居等各行业人工智能的蓬勃发展。现代信息技术的融合发展推动了养老产业服务众包的智能化发展，养老产业服务众包数据信息的共享实现了多元化养老服务的供需对接；人工智能技术的广泛应用，使智能养老产品设计中更充分地考虑了老年人的使用能力和生活习惯，体现了以人为本的产品开发理念。随着智慧健康养老的推行，养老机构和社区可借助云计算、大数据、物联网等先进技术对养老资源进行整合与优化配置，并对养老服务管理平台进行智能化升级。养老产业在服务众包模式下能获得更多关于本产业未来发展趋势和应用需求的数据，通过融合不同技术、聚合数据、聚能应用和开放互联，为服务众包模式释放数据能力，从而全面助力养老企业数字化发展。

快速增长的老年人口对社会化养老服务的巨大需求催生了养老产业服务众包模式。与许多发展中国家一样，我国社会经济的变迁、人口结构的变化和文化转型正在逐步削弱传统的家庭养老功能。在市场的推动和政府的鼓励与支持下，我国养老产业成为一个迅速发展的新兴产业。

第二节　我国实施养老产业服务众包模式需要解决的问题

养老产业涉及老年群体生活的方方面面，是一项关系到老年人切身利益的民生工程，也是一项庞大的系统工程。从目前的发展状况来看，我国养老产业尚处于起步阶段，存在养老服务资源分散、养老服务项目少、养老服务质量参差不齐等问题。到目前为止，我国还没有形成养老产业发展平台，尚无专门的养老产业研发机构，在养老产品专属个性化研发方面明显不足，目前我国的养老产品和服务主要是一些医疗器械用品和生活服务，以及生产制造企业对现有产品进行改良的衍生产品。另外，我国还没有形成支撑养老产业发展的稳定市场。这些都要求我国尽快建立有利于养老产业发展的公平的法制环境和良好的市场竞争机制，并适当给予风险补贴，以培育可持续发展的稳定市场，同时对养老产业进行市场运营规划。基于养老产业的现状，我国在发展养老产业服务众包模式时需要解决好以下几个关键问题。

一、政府的角色定位

养老事业是一项关乎经济发展与社会和谐稳定的重大课题，它首先需要来自政府部门的推动与扶持。在不同的养老产业发展模式中，政府的角色定位不同。养老产业服务众包由谁来主导？政府运作还是市场化运作？参与主体包括哪些？各主体之间的关系是什么？明确养老产业服务众包的主体、各主体的地位和职责、运作方式是开展养老产业服务众包工作需要解决的首要问题。

从国外养老服务和养老产业发展来看，政府在其中扮演着极为重要的角色。历史经验表明，养老产业单纯依靠个人运作模式或政府运作模式都不可能发挥最大效能，甚至到最后可能面临难以维持的困境。如某地区的“颐养园”（个人运作模式）和某城市的“居家养老服务站”（政府运作模式）在运作过程中都遭遇了重重困境。政府在养老产业发展中扮演极为重要的角色的原因在于，一方面养老产业和养老服务的发展直接关乎本国国民的生活水平与生活质量；另一方面养老产业涉及领域和行业的广泛性，决定了只有政府才能牵头整合分散的社会资源，构建一个养老服务平台。政府的组织领导、平台搭建、市场监管等是养老产业服务众包工作顺利开展的关键之一。

作为养老产业发展的主导者，政府应建立健全养老产业发展机制，相关部门应在市场准入、行业指导、运营监管等方面制定统一的标准及规范，推进养老产业服务众包的规范化发展。例如，南京市鼓楼区在公共服务众包领域建立了一视同仁的准入制度、公开择优的采购承包制度、规范的合同制度及相应的政策体系，从而保证了服务质量，并通过合同约定政府和企业的权利与义务，明确了责任。此外，还创新社会监督机制，将群众监督、舆论监督与社会参与、新闻媒体、法律手段等有机结合起来，对政府服务众包行为实施有效监督，杜绝滋生腐败。建立健全相关众包机制，是养老产业服务众包发展强有力的保障。

（一）政府在社区居家养老服务体系建设中扮演主导角色

养老产业服务众包首先面向的是社区居家养老服务需求。社区居家养老是一种国际趋势，各国政府通过提供各种服务及资助，让老人可以选择所需的长期护理服务，并鼓励老人居家养老或让家人在老人的住所内照顾老人。有些国家或地区的老人甚至可以选择两种支持的组合。

政府在社区居家养老服务体系中的角色体现在以下三个层面。

1. 政策和规则的制定者

居家养老服务政策的出台能够体现政府对该领域的关注，它是养老产业发展的有利后盾。政府既要从宏观角度制定居家养老服务政策，同时还要制定具体的细化措施。政策的出台让居家养老服务有法可依，一系列优惠措施也能吸引更多接包方加入。

2. 公共财政的投入者

养老服务产业是一个具有社会福利性质的特殊产业。从目前养老服务机构的运营状况来看，其利润是非常低的。要提高社会力量参与养老服务产业的积极性，首先必须保证它们能够正常运营。政府必须要提供财政支持，扶持养老产业成长。

从各国的经验来看，不同国家针对社区居家养老服务有不同的融资模式，政府在其中往往都扮演财政支持者的角色。例如，北欧的挪威和瑞典，以公共税收资助模式提供服务；美国则有私人保险加上一些公共资助计划。在服务供给的范畴，北欧的税基模式，德国、卢森堡和荷兰的保险属于全民保障；澳大利亚、加拿大和英国的其他税基模式则有选择地（通常根据经济状况评审）提供实物服务。

在英国，不同层面的政府提供不同类型的公共资助居家养老服务，在国家层面，中央政府通过国家卫生服务部门管理健康服务，包括居家健康服务。相关资助直接支付给有需要接受长期护理服务的老人，金额的多少根据评估后的养老服务需求而定，这些款项也可支付给老人的亲属或朋友。

即使在全民保障计划下，一般也都有按共同付费或使用者付费的形式分担私人费用的规定。全民保障系统下的费用分担通常根据成本的一个特定百分比或福利与实际开支的差额而定。例如，荷兰采用保险模式而不进行经济状况评审，领取退休金的人士需要通过退休金扣除或自行垫付款来分担部分费用。

3. 服务水平和质量的监督者

如何保证在任何情况下养老服务接包方都能向用户提供优质的服务？要解决这一问题，就要设立养老服务质量保证机制。在国际上，各国采取了不同的策略来实现这个目标。日本由非政府机构和私营的服务提供商颁布一套全国通行的标准。当地政府负责监察服务提供商对标准的执行情况，如果没有按规定执行，最重的惩罚可以把这个服务提供商除名。在加拿大，由国家发布家庭护理报告，对各地区的居家养老服务进行分析，根据监察基准监督资源使用情况。在美国，联邦政府要求各州对居家养老服务的提供者实施家庭护理联盟认证，确保是以家庭和社区为本的服务。

（二）养老产业服务众包要求政府重新审视自己的职责

1. 制定具有激励功能的养老产业服务众包政策，形成明确的政策导向

由于养老服务和养老产业是一个带有公益性、福利性特征的领域，国家要从政策上对专业从事养老产业服务众包的企业进行支持，给予其税收、信贷等方面的优惠政策。如果没有政府的优惠政策，养老服务机构无利可图，养老产业就难以为继，养老产业服务众包的发展必然受到影响。我国在从生产大国向服务大国转变的过程中，政府已经针对服务众包制定相关政策，给予相应的引导与支持，这些措施与经验也将适用于养老产业服务众包的发展。

2. 充分利用社会资源，制定养老产业服务众包标准

从严格意义上说，养老产业不是一个新型产业，无法与农业、工业、服务业等推动社会发展的产业并行，它是各产业的结合体，具体涉及的产业有家政服务业、卫生健康服务业、日常生活用品业、金融保险业、房地产业、教育产业、旅游和娱乐业、咨询服务业及其他特殊产业。而这些产业在我国已趋于成熟，发展养老产业服务众包模式，可以很好地利用这些产业已经建立的优势，使老年人享受到这些产业更专业的服务。但由于老年人是一个特殊的群体，所以政府、相关行业要制定养老产业服务众包的标准。

3. 建立老年消费维权平台，进行养老产业服务众包市场监督

由于老年人生理功能和健康水平的下降，养老市场会出现刚性需求的局面，有些产品和服务是老年群体必须选择的消费内容，所以政府要建立方便快捷的老年消费维权平台，对进入养老产业服务众包市场的企业实行主体登记备案制度和养老产业机构信用累积制度，及时

公布“黑名单”。政府要利用平台随时掌握养老市场动态，加强日常监督管理，在3·15消费监督平台上开辟优先受理老年服务消费纠纷投诉的“特别通道”，在养老产业服务众包标准的基础上规范养老产业服务众包市场。

4. 开发养老产业市场信息服务平台系统

在网络高速发展的今天，养老产业服务众包模式能有效整合社会资源的关键是养老产业市场信息服务平台系统的建立和良好运行。当前，我国一些城市已经建立养老服务呼叫中心，可以为老年人提供日常生活照料、护理保健、家庭帮助等服务，但我国的养老产业信息平台建设还处于刚刚起步阶段，养老产业服务系统也只停留在提供简单的照顾和护理服务层面，而对医疗保健、休闲娱乐、心理关怀、金融保险等中高端养老服务还基本没有涉及，未来这些信息平台和服务系统的开发必将带动更多企业资源投入养老产业之中。

5. 严格评选有资质的企业承担养老产业服务众包业务

在养老产业服务体系中，政府作为老年群体的代言人，是养老服务的发包方，相关养老服务机构和企业是接包方，由政府、老年群体代表（如社区、家庭）按照一定的标准评选出可承担养老服务的企业。政府或社区作为发包方公布养老产业服务众包标准和招标条件，在应标企业中列出符合养老服务接包方最低资格要求的企业清单，根据需求建议筛选接包方，最终选出一个或几个合格的接包方，同时全面评估其完成需求建议规定的绩效目标能力。

二、多方参与的市场化运作

由政府运作养老产业，容易引发效率低下、权力寻租等问题，只有引入市场竞争机制，才能为养老产业注入活力。政府将原来由自己承担的一些养老服务委托给社会组织，就能把更多的精力放在购买和监管服务上。这就要求政府积极采取措施鼓励社会力量投入养老产业之中，要让全社会形成合力，推动养老产业大发展、快发展。

在形成合力的过程中，尤其要重视两股力量：一是市场。市场机制才是资源配置最有效的手段，养老产业服务众包正是让市场在养老产业中“挑大梁”。二是非营利性组织（NPO）。在西方国家，不以营利为目的的社会组织在养老服务中发挥了重要作用。通过吸收基金会、志愿者组织等与养老产业和养老服务相关的 NPO 加入，充分整合现有资源，不断拓展服务内容，提升养老产业服务系统的影响力。

此外，由于社会养老资源较为分散，宣传力度也不够，老年人常常不知道如何获取养老服务。只有将现有分散的资源进行整合，才能满足老年人全方位的服务需求。在服务众包模式下，搭建养老产业市场信息服务平台，形成合力不断推进养老产业的发展。养老产业服务系统最终应尽可能地囊括老年需求的各个方面，但在招标过程中应严格按照标准进行，不可为丰富服务内容而忽视服务质量。

三、养老产业服务众包的技术平台支持

养老产业服务众包必须依靠 IT 技术开发养老产业市场信息服务平台系统。

（一）构建养老产业市场信息服务平台系统

构建公共的养老产业市场信息服务平台系统，规范发展各养老产业服务系统，整合社会各方资源，在政府政策引导和支持下，让企业成为养老服务市场的主导者，通过完善养老产业服务众包模式和发展养老经济供养体系、老年健康支撑体系、养老生活服务体系，满足养老服务市场的多元化需求，实现养老事业和养老产业相辅相成发展，满足老年人多方面需求，使老年人幸福指数不断提高。在政府推动、行业协调和大企业带动下构建养老产业市场信息服务平台系统，整合专门生产老年产品和提供养老服务的众多具有分工合作关系的企业，以及与其发展有关的各类组织（如行业协会）等行为主体，实时发布养老产品和服务供需信息，并由行业企业提供解决方案，使养老产业专业化、集聚化和标准化，不断探索养老产业市场化发展道路。

（二）建立社区居家养老产业服务中心

社区居家养老产业服务中心的主要职能是对养老服务产业进行监督与规范，实行社区居家养老产业准入制度，严格评选有资质的企业承担养老服务众包业务。开展社区居家养老服务众包工作，必须要有专业职能机构确定发包业务与接包规则。

社区居家养老产业服务中心积极挖掘社会资源，整合各养老服务产业信息，引导养老产业组织规范发展。因社区居家养老服务项目的多样性和复杂性，社区居家养老产业服务中心要不断研究社区居家养老产业各接包方的业务内容与服务规范。

鼓励社区居家养老产业的发展，如养老金融地产行业（各类保险公司、养老金管理公司、老年公寓开发公司等）、老年产品行业（各类老年产品的生产与销售企业等）、养老服务行业（各类餐饮企业、医疗康复机构、家政服务企业、心理咨询机构、老年教育机构、老年娱乐服务机构等）等进入社区居家养老产业。

四、养老产业服务众包运营需要解决的两对矛盾

（一）科技的迅猛发展与老年群体信息化能力滞后之间的矛盾

信息时代的养老产业发展必须与现代科技紧密结合，以增强养老服务的便捷性、有效性。养老产业服务众包紧密结合时代特点，充分依托信息技术和信息化建设的优势，建立养老产业服务系统（水滴系统），通过养老产业市场信息服务平台系统（服务云）进行信息化操作，整合分散的社会养老服务资源，实现老年人养老需求与企业发展需求的对接，同时也让老年人更加轻松、便利地获得养老产品和服务的信息。服务云整合了传统意义上互联网应用的计算、存储、网络三大核心要素，为老年群体提供快捷、弹性、可靠、有效的公用化的互联网基础设施服务。

利用现代科技推行“现代化服务”——服务云和水滴系统的建设，是养老产业服务众包系统构建的关键一步。但同时需要考虑到老

年群体信息化能力滞后的问题。据中国互联网络信息中心（CNNIC）发布的第47次《中国互联网络发展状况统计报告》显示，截至2020年12月，我国网民规模达9.89亿人，互联网普及率达70.4%，60岁及以上网民数量占网民总数的11.2%，60岁及以上非网民群体占非网民总体的46.0%，非网民群体由于无法接入网络，在出行、消费、就医、办事等日常生活中遇到不便，无法充分享受智能化服务带来的便利。虽然老年网民的数量仍在不断增加，但其在网民总数中所占的比重仍然偏低。针对当前老年群体对电脑、网络使用的有限性，水滴系统将配套建立一条公益性的生活服务热线。接线员接到老年人的电话后，根据老年人的不同需求，结合系统内的服务内容进行养老产品和服务的推介。生活服务热线还可以作为考评手段，老年人享受完服务后，热线工作人员进行电话回访，对服务进行考评。当然，今后随着老年群体对网络运用灵活性的增强，可进一步拓展老年人信息接收的渠道。

（二）老年需求的多样性与养老产品和服务的稀缺性之间的矛盾

养老服务产业发展惠及所有老年人，老年人是一个异质性群体，养老服务需求呈现出多样化的特征。养老产业服务众包涉及众多行业和领域，包括老年人的生活保障、医疗卫生、教育娱乐、照料护理、法律维权等方方面面。养老产业服务系统面对的是社会上所有的老年人，老年群体的异质性决定了该系统应尽可能提供全面的服务。

但是，从目前的发展状况来看，一方面由于产业规划缺失，养老产业基本处于盲目无序发展状态，不同行业的发展状况存在差异，部分养老产品和服务极为缺乏；另一方面我国的老年人有着节俭的优良品质，呈现出求实求廉、习惯性消费、理性为主导、重体验、讲求便利等特点，这在一定程度上影响了养老产品和服务的发展。养老产品和服务的稀缺给养老产业服务众包带来了挑战。

通常而言，养老服务主要分为两大类：一类是福利性和公益性服务；另一类是营利性服务。前者主要由政府财政出资，向养老产业服务系统中相关企业或组织购买，这类服务将成为养老产业服务众包初期发展的主要内容。随着老年群体对服务的认同，营利性服务也将逐渐获得发展的空间。

五、养老产业服务众包风险的预防与控制

（一）养老产业服务众包的风险分析

服务众包在给养老产业发展带来生机和活力的同时也蕴含着较高的风险。影响养老产业服务众包价值实现的因素有很多，包括发包方与接包方的目标不一致、接包方的机会主义行为、信息不对称导致的逆向选择、环境不确定中的偶发事件等。养老产业服务众包过程中存在的风险可分为以下几种。

1. 失控的风险

在养老产业服务众包模式中，发包方（政府）与接包方（企业或组织）是委托代理关系，接包企业或组织是一个独立运作的实体，政府往往难以直接介入其内部管理，接包企业或组织的行为往往难以控制，因此存在失控的风险。

2. 服务的风险

实施养老产业服务众包的最终目标是通过服务众包让老年群体获得满意的服务。接包企业或组织服务质量的优劣意义重大。它关系到养老产业服务系统能否得到老年人的认同，关系到该系统能否实现良性运营，从民生层面来看，它直接影响着整个区域的国民生活质量。如果接包企业或组织的服务质量未达到预期效果，没有能够让接受服务的老年群体满意，那么会对政府和企业的形象造成不良影响。

3. 成本的风险

建立养老产业服务系统的目的是降低政府运营成本，提高服务效率和质量。虽然服务众包有可能会降低发包方（政府）的成本，但一些未曾预料到的变化，如契约的修订、隐藏的过渡成本等都会增加养老产业服务众包的成本。

（二）养老产业服务众包风险的预防与控制分析

在服务众包权的授予过程中，可能会存在腐败和寻租行为。由于政府是养老产品和服务的购买者，公共产品和服务众包过程中易发生的公权者以权力为筹码为自身牟取经济利益的寻租风险也可能存在于养老产业服务众包过程中。从国外经验来看，竞争企业数量有限、竞争程序不完善等，都有可能导致腐败和寻租行为的产生。随着服务众包内容的丰富、服务众包地域范围的扩大，如何规范服务众包对象的选择显得尤为重要。因此，预防风险也是养老产业服务众包实施过程中需要考虑的关键问题之一。

服务众包的发包方和接包方之间往往通过契约形式确立关系。良好的契约管理有助于双方之间的合作，对服务众包项目的有效执行至关重要，要通过建立适当的监督和考核体系来实现服务众包的良性发展。养老产业服务众包的监督和管理可从以下三个方面着手。

1. 完善养老服务考核管理

引入专业化的第三方评估是养老产业发展的一个关键点。在国外，政府往往聘请第三方评估机构对一些社会福利项目进行评估和考核，这些评估机构利用自己的专业优势代替政府进行监督。第三方评估机构的中间人身份和中立的立场，能够确保这个模式的可行性。另外，要培育行业中介组织，充分发挥行业协会的作用，加强行业监管。

2. 建立养老服务考核指标体系

面对目前市场上养老产品和服务良莠不齐的状况，政府要建立养老产业服务系统的准入机制和养老服务考核指标体系，并严格按照标准实行。例如，在选择和评估接包方环节，政府可成立由养老产业、人力资源、法律、财务、服务众包等业务领域的专家组成的众包服务能力评估团队，构建评估指标体系。通过项目招标的方式，扩大招标范围，筛选出符合要求的候选对象。对接包方的信息进行收集、分析和评判，形成评估报告，最终确定服务承包商。

服务众包双方在任何时候都应将养老产品和服务的质量置于首位，确保养老产品的高品质，不断实现养老服务的标准化和专业化。通过良好的口碑赢得老年群体的认可，这也有助于企业盈利性产品和服务的发展，为企业带来更高效益的同时，也有助于整个养老产业的发展。

3. 建立反馈和调整机制

接包企业或组织应及时了解运营和服务过程中出现的问题，与发包方一起就相关问题找出解决方案并实施，然后将处理结果反馈给发包方。若发包方对结果满意，则进入下一轮的监控流程；若发包方发现问题仍然存在，则再次提交问题报告，直至问题最终解决，形成良好的反馈和调整机制。

第七章 我国养老产业服务众包模式机制创新

第一节 我国养老产业服务众包商业模式创新

一、养老产业服务众包商业模式概述

（一）商业模式

商业模式是指为实现各方价值最大化，把能使企业运行的内外各要素整合起来，形成一个完整的、高效率的、具有独特核心竞争力的运行系统，并通过最好的实现形式来满足客户需求、实现各方（客户、员工、合作伙伴、股东等利益相关者）价值，同时使系统达成持续赢利目标的整体解决方案。

管理大师彼得·F. 德鲁克（Peter F. Drucker）说，当今企业间的竞争，不是产品之间的竞争，而是商业模式之间的竞争。完整的商业模式由创造价值、传递价值和获取价值三个部分组成，三者缺一不可。创造价值是基于客户需求提供解决方案；传递价值是通过资源配置、活动安排来交付价值；获取价值是通过一定的盈利模式来持续获取利润。

商业模式是一种包含了一系列要素及其关系的概念性工具，用于阐明某个特定实体的商业逻辑。商业模式由一定的商业要素构成，只

有这些要素相互匹配才能确保运营项目成功，从而形成商业机制。商业模式的要素主要包括客户群体定位、利益相关者、收入模式、价值链分析等。

（二）养老产业服务众包商业模式

运用养老产业服务众包商业模式，可以充分利用互联网信息资源优势，让更多的行业企业或组织参与到养老产业之中，在养老服务领域，能聚焦产业服务目标，提供更专业的养老产品或服务，以更低的价格和更高的效率进行服务，大大提高服务质量，满足养老服务的个性化、定制化和多样化要求。通过服务众包模式，将养老产业的客户群体定位、利益相关者、收入模式、价值链分析联系在一起，形成独特的养老产业商业模式，如图 7-1 所示。

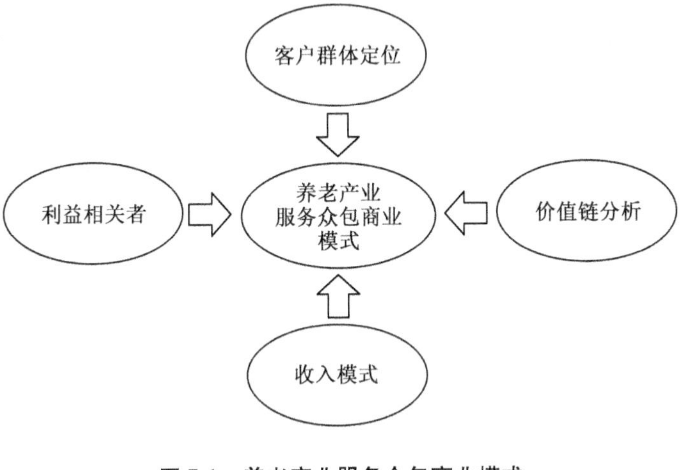

图 7-1　养老产业服务众包商业模式

1. 养老产业服务众包客户群体定位

养老产业客户群体主体是参与社会养老服务的老年人，养老产业以满足老年人的需求为核心，围绕老年人需求的产品、服务开展相关产业活动。养老产业服务众包是建立在对老年群体这个典型的特殊客户群体精准定位基础上的活动模式。

当然，我们也可以将与养老服务相关的家庭、社区、养老机构定位为养老产业的客户群体。

2. 养老产业服务众包利益相关者

养老产业服务众包利益相关者包括养老产业信息平台的开发方、运营方等，也包括养老服务的发包方与接包方。养老服务的发包方与接包方利用养老产业信息平台发布、收集、分析、整理、共享服务信息等功能实现有效对接，养老产业信息平台可以是企业自建，也可以是政府委托企业搭建，但由于养老产业客户群体的特殊性，政府要加强对养老产业信息平台的监督与管理。养老服务的发包方一般是负有向老年人提供服务义务的主体，如家庭、社区和政府，随着养老服务社会化的推进，养老服务的发包方也逐渐社会化，养老社区和养老机构成为养老产业服务众包的主要发包方，发包方通过养老产业信息平台发布需求，寻找符合自己要求的服务提供者。养老服务的接包方就是提供养老服务的相关企业或组织，它们可以通过养老产业信息平台寻找商机，也可以在平台上发布自己所提供的养老产品和服务，当然养老产品和服务要经过一定程序的审查和核验方可在养老市场上自由交易。

3. 养老产业服务众包收入模式

养老服务的需求方与养老服务的供给方在养老市场上达成交易，养老服务的供给方因此获得收入。养老产业服务众包收入模式可以采用养老服务预付费形式，如老年人本人或家庭对不同的养老服务项目预先支付部分订金，也可以采用直接交易形式，在养老供需双方交易产品或服务时直接进行支付。由于养老产业的特殊性，对于由政府补贴的养老服务项目，政府补贴经费也可以直接交给养老服务的供给方。

4. 养老产业服务众包价值链分析

价值链是由哈佛大学商学院教授迈克尔·E. 波特（Michael E. Porter）于1985年在《竞争优势》一书中提出的。企业运营包含设计、生产、销售、物流、管理等活动，企业需要通过一系列相互关联的经济活动创造价值，实现价值增值，构建自己的价值链。企业每一项经营活动都是价值链上的一个环节。波特价值链模型如图 7-2 所示。

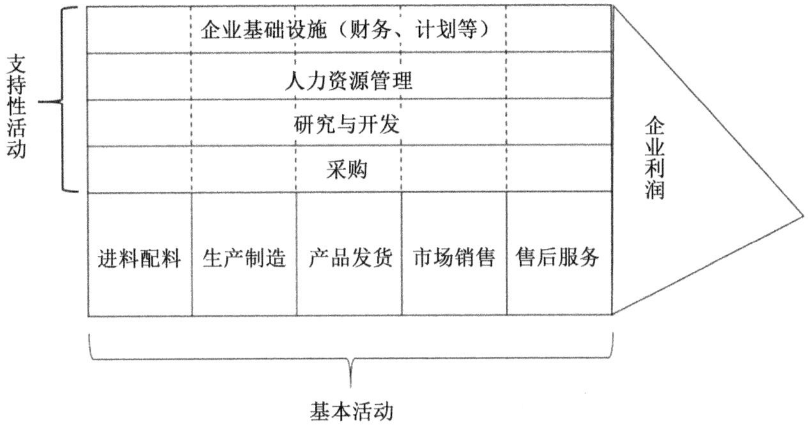

图 7-2　波特价值链模型

价值链分为两部分内容，一是企业的基本增值活动，一般指生产经营环节，如企业进料、生产、销售、售后服务等活动；二是企业的辅助性增值活动，包括企业财务、计划、人力资源、研发、采购等活动。

养老产业服务众包价值链主要有两部分，一部分是通过老年用品的产销和养老服务的提供在市场中切实提供资源的创造活动，即波特价值链模型中的基本活动，主要为实体价值链的体现；另一部分是基于信息资源的创造活动，如养老需求大数据、养老供给大数据、养老信息平台技术支持、养老信息平台信息服务等，主要为信息价值链或数字价值链的体现。在养老产业服务众包价值链中，信息价值链具有低成本性、共享性、灵活性等特点，能够对多样化、多层次的养老服务需求精准定位，保证养老服务供需及时匹配。养老产业服务众包价值链模型如图 7-3 所示。

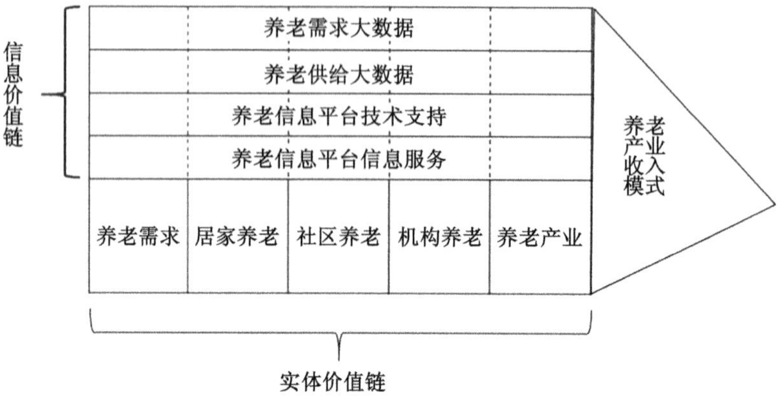

图 7-3 养老产业服务众包价值链模型

二、我国养老产业服务众包商业模式创新分析

养老产业服务众包是全新的商业模式，需要从养老产业服务众包的供需双方和养老服务管理方面推进，建立养老产业供需平衡发展的推动机制，促进养老服务管理机制和养老产业运营机制创新。

（一）破解养老产业供需结构性失衡难题，建立养老产业供需平衡发展的推动机制

我国将进入以长寿为主导的老龄化阶段，养老产业将成为一个潜力巨大的朝阳产业。随着我国中产阶级的壮大和人均收入水平的提高，未来高品质的养老服务需求将大量释放，我国要满足老年人衣、食、住、行、游、学、娱等全方位需求，正确引导老年人的消费观念和消费行为，注重培育老年消费市场，因地制宜地发展智慧养老，促进养老服务需求与养老产业供给平衡发展。

目前，我国的养老服务多限于满足老年人的基本生活需求，专业化、亲情化、个性化、智能化的高质量养老服务供给还很不足，对护理照料、心理疏导、精神慰藉等刚性需求的满足难度较大，离满足老年人多样化需求和增强老年人获得感与幸福感的目标差距较大。由于经济发展水平的差异，我国养老产业发展还存在地区间的不平衡和城乡间的不平衡。

养老服务供给侧的高投入和需求侧的低支付能力，是我国养老产业发展困境产生的根本原因。我国老年消费的养老金支付保障能力低下，家庭对老年人养老的经济支撑还远远不够，而养老产业是一个高投入的劳动与知识密集型产业，发展养老产业投入大，养老产业为老年人提供服务既需要专业人员参与，也需要现代技术支撑，养老产业的发展需要大量人才、资金、技术、管理、信息等要素的持续投入，这些都增加了养老产业发展的成本。养老产业供给侧的高投入和需求侧的低支付能力导致养老产业投资回收期长，整体进入盈利状态的时间长，中小企业进入养老市场的机会很小，即使资本雄厚的大企业也面临难以在短期内盈利的局面。老年群体是一个庞大的特殊消费群体，随着人口老龄化的加速和人民生活水平的提高，养老产业必将成为一个前景广阔的产业，是集制造业与服务业为一体的朝阳产业。

因此，要建立养老产业供需平衡发展的推动机制，强化对养老需求的内容、要求、结构、分布的响应，制定有效的养老需求扶持政策，提高老年人养老支付能力，夯实支付保障，提高老年人市场主体地位，根据养老需求的地区差异，可以直接给老年人发放不同标准的照护补贴；同时对养老产业进行改革，大力发展智慧养老产业，提高养老精准度。

（二）大力发展智慧养老，探索养老服务管理机制创新

现代化的养老方式与养老服务需要智能化的养老服务管理平台。在提供养老服务的实际工作中，由政府、企事业单位、社会团体、民办非企业单位、个体工商户、慈善组织、志愿者组织、社区组织、医疗服务机构、居民自治组织、家庭、个人等组成了养老服务组织网络。在这样一个组织网络的基础上，借助移动互联网技术，构建养老服务管理智能云平台。养老服务提供主体通过这个平台发送或获取有效的养老服务或需求信息，并能在一定范围内共享数据，社会各资源群体能在此汇集。构建智慧社区养老管理平台，利用云计算等现代信息技术搭建养老公共信息平台，基于远程监护服务系统，开发养老健

康管理、养老社区管理、养老志愿者管理等管理功能，不断探索和构建养老服务组织网络的管理模式。养老服务供给的智能化程度决定了养老市场的活跃度，智能化养老技术和服务体系的建设有助于创新养老服务模式，增强养老服务供给的便利性和可及性，让更多的社会资源能更好地对接养老服务需求，从而加快养老市场供给机制的创新。

（三）调整产业结构，形成社会化、多层次的养老产业发展模式

我国的产业正在由劳动密集型向技术、知识密集型转型，这种转型要求企业必须加快转型升级步伐，实现经济发展方式的转变。政府要从战略高度重视养老产业的发展，大力宣传养老产业，扩大社会影响，营造有利的社会氛围。在产业结构调整过程中，政府部门在第一、第二和第三产业转型升级中应鼓励具有发展养老产业优势的中小企业进军养老产业，选择正确的升级路径加快产业升级步伐，促进养老产业随着要素禀赋结构的升级和比较优势的演化而发展。

养老产业的发展要走社会化与产业化相结合的道路，注重鼓励和引导社会各方面力量积极参与、共同发展养老产业，逐渐形成政府宏观管理、社会力量兴办、企业自主经营的管理体制和运行机制，实现养老产业投资主体多元化、服务形式多样化、服务对象社会化和服务队伍专业化。

加强智能化养老产品的研发，通过服务众包商业模式，挖掘智能制造在养老产业的应用，积极研发满足老年人需求的门类齐全、品种多样、经济适用的老年用品，打造智能养老用品品牌；积极利用高校比较集中的优势，通过政策倾斜和资金支持的方式，鼓励其对智能化养老产品进行研发；鼓励社会具有开发养老产品优势的科研机构对养老领域进行研究，研发养老产品；引导企业开发与生产老年人特殊用品，促进老年用品市场发展，满足老年人的多方面需求。

养老产业服务众包的发展需要有领头企业的加入，通过智能化养老产业建设试点工程来逐步推进，从点的建设逐步扩展到面的完善。养老产业的发展关系到国家发展的全局和广大人民的日常生活，是重要的民生工程，也是经济发展的一个新增长点，养老产业涉及的利益主体多、行业多，因此养老产业不可能在短期内发展壮大。有效的做法是首先启动智能化养老产业建设试点工程，对试点项目进行评估，包括基础设施、社会影响、经济效益、老年人满意度等，然后推广试点项目的成功经验，为全面发展养老产业服务众包奠定良好的基础。

（四）培育养老品牌，打造养老特色产业集群

养老产业其实是一个复杂的产业链，不仅涉及医疗和生活这两个最基本的方面，还包括休闲娱乐、文化旅游、老年教育等各个方面，让老年人除了能够老有所养、老有所医外，还能够老有所学、老有所教、老有所为、老有所乐。2013 年，国务院印发《关于加快发展养老服务业的若干意见》，提出要形成一批养老服务产业集群，培育一批知名品牌。品牌化、集群化、智能化成为中国养老服务产业市场化发展的必由之路。产业经济集聚发展的地区应在产业集群上做好表率，尤其是全国城乡一体化程度较高的地区应利用好养老产业资源和平台，大力发展老年用品和养老服务特色产业集群。在养老产业服务众包商业模式下，数字经济将带动养老产业集群创新发展。养老产业服务众包商业模式下的养老产业集群如图 7-4 所示。

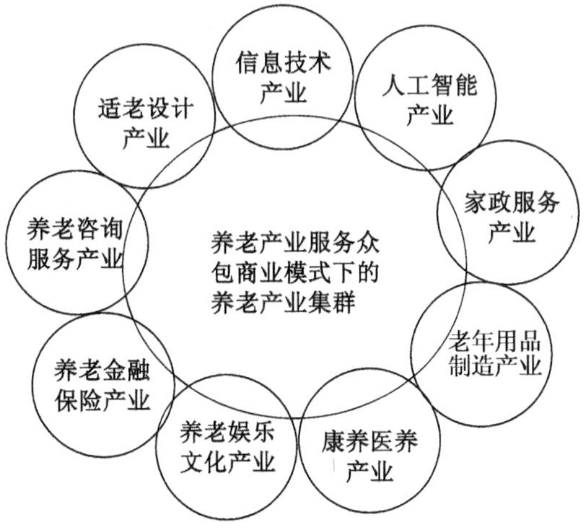

图 7-4　养老产业服务众包商业模式下的养老产业集群

（五）构建信息共享平台，鼓励和支持企业多种服务类型的融合创新

鼓励和支持企业不断开发智能化的新技术、新产品和新服务，在养老产业链上深度嵌入电子信息尖端技术，把物联网概念应用于实体经济实践中，体现信息技术为民生服务的最高层次，让企业在智能化养老服务方面发挥引领作用。养老产业服务众包商业模式建立在数字平台的“生态圈”中，数字平台本身就是融合技术、聚合数据、赋能应用的机构数字服务中枢，以智能数字技术为部件、以数据为生产资源、以标准数字服务为产出物。数字平台能够使机构业务创新和高效运营，助力机构数据管理和价值挖掘，降低机构技术运营和技术管理复杂度。通过养老产业市场信息服务平台系统，养老服务企业可以链接养老产业的上下游，连接企业各职能部门，获得快速、灵活的数字化能力。在养老产业服务众包商业模式下，养老服务企业可以立足信息平台，整合内外部资源，为老年人提供多样化的养老服务。

根据老年人的需求，整合养老服务产业链上下游资源，支持和鼓励养老服务企业业务多元化发展。从养老服务组织角度来看，养老服务机构、社区与医疗卫生机构融合，鼓励养老服务机构优先与周边的基层医疗卫生机构及提供康复、护理、安宁疗护等服务的接续性医疗机构签约合作。在养老产业服务众包商业模式下，老年人的诊疗、康复、护理、用药指导、远程医疗等需求都可以通过养老产业市场信息服务平台系统得到及时满足。养老服务与房地产融合，如护理照料、医疗保健、休闲娱乐、文化旅游、金融保险与房地产的融合，形成了综合养老社区。从养老产品和服务角度来看，目前很多人工智能技术与养老护理、养老监控产品融合，形成智能化的养老产品，以物联网技术为依托，结合社区养老中心、医养助老中心、智能穿戴设备、安全防护探测设备、信息呼叫中心等，将线上 App 养老系统、社区物联系统和服务系统整合在一起，使居家老人、子女、社区管理者、服务机构和各种互联网系统形成各种形式的信息交互。

第二节　我国养老产业服务众包供给机制创新

当前，我国养老产业正处于探索发展期，深入思考如何从供给侧结构性改革入手解决我国的养老问题，探讨养老服务供给机制的创新，对推动我国养老产业的健康、快速发展具有重要的现实意义。

一、养老产业服务众包供给机制概述

（一）供给机制

供给是一个经济学概念，是指在特定市场上和一定时期内，生产者在某一价格水平下愿意且能够提供商品或服务的数量。供给是与需求相对应的一个概念。供给机制就是供给者为满足消费者需求愿意提供商品或服务的机制，常见的供给机制有政府供给机制、市场供给机制、非营利组织供给机制等。

1. 政府供给机制

政府主要关注民众福利，向全体人民提供基本公共服务是政府的责任。除了对基本公共服务负有支出责任外，政府对一般性公共服务也负有责任，但提供方式可以有多种形式，有些需要政府直接提供，有些则可以通过政府购买、特许经营、委托代理、服务外包等形式由企业、行业组织、民办组织或社会中介机构提供。总之，科学界定公共服务与非公共服务、基础公共服务与一般性公共服务，通过多种提供方式实现公共服务高效、便捷供给，是政府的重要职责。

2. 市场供给机制

市场供给是通过市场价格调整供给者行为实现的。市场供给者提供产品和服务的目的是盈利，为了实现盈利目标，市场供给者会尽自己最大的努力去满足消费者的需求。

3. 非营利组织供给机制

非营利组织是不以营利为目的的组织，这些组织除了具有非营利

性外，还具有民间性、自治性、志愿性、非政治性等重要特征。非营利组织虽然不以营利为目的，但必须要有一定收入，才能提供自身活动所需的资金。但是，非营利组织的收入和支出都受到一定限制。因此，非营利组织的经费来源往往是公、私部门的捐赠，而且其活动经常是免税的。

（二）养老产业服务众包供给机制

养老服务是满足老年人物质生活和精神生活需求的服务。养老服务既具有社会基本公共服务属性，又具有养老个体需求市场行为属性。由于养老服务是满足老年人这一特殊群体需求的服务，所以有些养老服务还具有非营利性。在推动养老产业发展中，要发挥政府供给机制、市场供给机制和非营利组织供给机制三种机制的作用。

1. 养老服务政府供给机制

改革开放以前，我国在老年人照护上实行的是以家庭为主、国家和集体扶持的策略。国家的养老政策包括城市退休养老政策、农村土地养老政策和“五保”养老政策，对于一些无法得到家人照护的孤寡老人，国家安排了功能较为简单的养老机构提供较为粗放的养老服务。这个时期，我国的养老服务基本依附于政府的养老事业，养老服务的资金来源和运作方式由国家统揽。在城市，国家机关单位和国有企业实行退休养老政策，退休金作为家庭养老的资金来源。在农村，按照人口分配土地，用土地换养老保障。对于生活无子女依靠的老年人，实行“五保供养”的养老政策。这个时期，养老机构主要由国家和企事业单位建立，养老机构发挥社会救济的职能，提供非营利性的养老服务。

改革开放以后，尤其是随着我国市场经济的发展和人口老龄化速度的加快，各级政府都在推进养老事业和养老产业发展。政府建立了城镇养老保险体系，完善了农村养老保险制度，逐步实现城乡养老保险统筹并轨。在养老服务政府供给机制上，从通过制定政策、提供补贴等方式推动养老机构、养老保险、养老服务人才、养老产业等发展，逐渐朝着开放社会养老服务市场方向发展，政府采取公建民营、民办公助、政府购买服务、补助贴息等形式来发展养老服务业。

2. 养老服务市场供给机制

我国养老产业市场供给起步较晚，在2000年左右我国才开始发展养老产业，一边是养老产业运营经验还很不足，一边是养老服务需求呈现多层次、多样化特点。为了使供需平衡发展，我国养老产业急需进行供给侧结构性改革，政府要做好养老产业的顶层设计，加强养老产业法律体系建设，对从事养老产业的企业给予政策和资金支持，加大养老产业龙头企业和产业集群的培育力度，同时要统筹地区之间、城乡之间的养老服务资源，培育成熟的养老服务市场。

3. 养老服务非营利组织供给机制

非营利组织在养老服务供给中的作用不可忽视。非营利组织通过提供养老资金、养老服务、养老设备等参与养老服务，政府要充分发挥非营利组织志愿、自发的养老服务供给功能，引导、支持和监督非营利组织在养老服务中的运营与管理。

二、我国养老产业服务众包供给机制分析

养老产业服务众包本身就是一种供给机制创新，通过服务众包能有效挖掘供给资源，利用信息共享平台进行供给资源整合，从而突破供给的时间和空间限制。我国发展养老产业服务众包，能最大限度地挖掘养老供给资源，发展养老服务，做强养老产业。

目前，我国养老服务领域仍存在诸多问题，比如社会力量没有渠道参与养老服务、居家养老服务人员缺乏、老年群体难以获得医疗服务、专业养老机构数量不健全、养老服务智能化程度不够等。要解决这些问题，急需从供给侧进行改革和创新，以多元创新视域破局我国养老服务供给机制创新难题。

（一）我国养老产业服务众包供给机制的现状与存在的问题分析

随着我国老龄化进程的加快，传统的家庭养老面临诸多实际困

难，社会养老成为必然趋势。在从“家庭养老”到“社会养老”的转变过程中，政府作为制度供给主体，在推动社会养老制度建设和创新方面仍有许多不足，新出台的政策文件有些具备了指导方向与指导意见，但在具体实施细则方面还不完备，导致有些养老政策落地难，以老年人需求为导向的养老服务供给评价制度还很缺乏，导致政府提供的一些养老服务在实际运行中不能完全契合老年人的实际需求。在养老服务的社会供给方面，由于目前的社会组织发育不健全、服务能力弱，加上政府购买服务机制尚未有效形成，养老服务的社会供给不足，而由政府包办，效果并不理想。此外，从市场提供养老服务的实际情况来看，目前我国养老服务业的市场化和产业化程度还很低，缺乏专业服务机构，远远不能满足老年人日益增长且多样化的需求，与发达国家养老服务标准差距还很大。虽然政府与社会已经意识到养老服务市场需求增长将带动并形成“朝阳产业”，但是现阶段养老服务供给机制的缺失和不完善更加突显了从养老服务供给侧思考我国养老服务供给机制创新的意义与价值。

我国养老服务供给机制的现状与存在的问题主要表现在以下几个方面。

1. 养老医疗服务机制单一

医疗服务是养老服务的一项重要内容，其目标是让更多的老年人享受到切合自身条件的医疗服务，而目前的医疗服务概念则侧重于用专业医疗技术治疗各种疾病，这使得大部分养老消费集中在医院这样相对昂贵的医疗机构。面对医疗和医药资源的有限性，如何在真正了解老年人真实需求的基础上，为他们提供量身定制、高效实用、兼顾身心健康的养老方案，是一个可持续养老服务模式所必须关注和解决的问题。从我国养老实际情况来看，在未来很长一段时间内，居家养老仍将是主流的养老模式。因此，养老服务应以社区为导向，而不是医疗机构。《国家积极应对人口老龄化中长期规划》明确指出，中国将建设以居家养老为基础、社区养老为依托、机构养老充分发展、医养有机结合的多层次养老服务体系，推动医疗卫生和养老服务相结合。满足老年人医养结合的需求必须以老年病人为中心，以提供有价值的服务为本，医疗机构必须从供给创新方面寻求降低成本、提高价值。

从美国、日本、丹麦等养老服务产业较为发达国家的经验来看，通过服务众包开展医院临床服务、医院信息技术、数据收集和分析等业务，是一个长期的趋势，并且能从根本上降低老年病人的费用。此外，在这些国家中，医疗机构通过与保险公司、医学院、运动协会、志愿者团体等多方机构开展合作，通过向老年人推广普及预防老年慢性疾病的科学知识和推介健康的生活习惯，实现多方力量参与养老服务的格局，从而降低了全社会的成本，提高了老年人的生活品质。

2. 养老服务管理水平落后、科技含量低

由于我国养老服务起步晚、基础薄弱，目前我国不少地方的养老服务还停留在基本生活照料层面，服务水平不高，服务方式单一。此外，养老专业护理服务人才短缺和养老服务管理专业化水平低、科技含量低成为我国养老服务产业发展的两大瓶颈，制约着我国养老服务能力的提升，导致我国养老产业供需矛盾突出。据中国老龄事业发展基金会统计，目前我国养老机构护理人员不到 30 万人，其中只有 4 万多人持有职业资格证书，而当前我国不能自理老人的护理服务岗位缺口就达到 1 300 万人。突出的供需矛盾对养老服务人才供给和管理创新提出了现实要求。只有加强养老护理和管理专业人才培养，加强养老服务管理和评估体系建设，推动养老服务管理智能化和供给便捷化，才能缓解供需不平衡的矛盾，从而提升养老服务管理能力和养老服务水平。

随着现代信息技术的应用和普及，“互联网+”模式下的智能化、个性化养老服务方式可以有效缓解养老服务供需矛盾，提升养老服务管理水平。目前，已经有一些企业在积极尝试这样的智能化养老模式，但如果仅靠技术手段来改善养老服务能力，而没有以不同企业或组织之间的合作和创新为基础，那么效果将大打折扣。相比于蓬勃发展的电子商务，目前我国的医疗机构、保健服务机构、信息技术企业、政府及相关社会组织之间尚未开展深入合作，我国尚未把互联网的创新成果与养老服务的各项产业深度融合，还没有形成以互联网为基础设施和要素的养老服务产业发展新业态。

总之，我国养老服务供给机制存在的问题主要是过多强调政府的供给职责，而忽视了参与养老服务供给的其他力量。国内一些研究人员针对养老服务供给不足的问题，提出要从创新体制机制入手，重构养老服务供给机制。但是，目前的研究大多强调政府的供给职责，而忽视了参与养老服务供给的其他力量。而只有构建基于政府—市场—社会伙伴关系的合作机制，才能动员更多力量和资源，包括金融、技术、人力、组织等不同方面的资源，保障和改善养老服务的多元供给。

（二）我国养老产业服务众包供给机制创新分析

纵观世界，各个国家和地区的养老问题都是一项复杂的系统工程，是各届政府不容忽视的社会问题。从各国和各地区养老服务实践来看，单纯依靠政府并不能很好地解决养老服务供给不足问题。只有整合社会力量和资源参与养老服务供给，才能满足老年人日益增长和多样化的养老服务需求。尤其随着经济的发展和人民生活水平的提高，老年人对养老服务提出更高要求，期待更多高品质、个性化的服务，这就要求创新机制，有效动员全社会的人才、资本、技术等创新要素投入养老服务产业之中。

1. 完善市场供给机制，鼓励高科技产业参与养老产业服务众包

养老服务是一项社会事业，需要依靠政府力量发展养老事业，保障养老基本需求；养老服务也是一种市场行为，需要整合社会力量发展养老产业，保障养老多层次需求。随着我国人口老龄化程度的不断加深和人民生活水平的不断提高，养老消费需求将持续快速增长。2016 年，国务院办公厅印发《关于进一步扩大旅游文化体育健康养

老教育培训等领域消费的意见》，提出要坚持以供给侧结构性改革为主线，发挥市场配置资源的决定性作用，消除各种体制机制障碍，放宽市场准入，营造公平竞争市场环境，改善产品和服务供给；要全面放开养老服务市场，提升养老服务质量，增加养老服务的有效供给，把养老消费市场做大、做强、做精、做好。

从目前发达国家的养老服务体系来看，各国都在积极探索多元化的供给机制。老年人的需求是多样化的，物质上需要衣食住行，精神上需要慰藉，健康上需要医疗、保健、监测等。养老服务社会供给模式创新的根本在于构建基于政府—市场—社会伙伴关系的合作机制，运用服务众包模式的运营机制，由市场上的专业服务机构作为主体，通过明晰目标客户群体及其需求，整合各方资源，为不同类型的老年服务消费群体提供多样化、个性化、智能化、便利化的产品和服务，突出价值增值服务，使各养老服务参与方在提供养老服务过程中创造共享价值。尤其是在实施养老产业服务众包过程中，养老信息服务平台的构建、养老智能化设备的开发、养老供需大数据分析的应用等都需要发挥市场的决定性作用，通过供给机制的创新促进相关产业进入养老市场，为老年人提供多样化、多层次的养老服务。

2. 改革政府供给机制，转变社区服务在养老产业服务众包中的功能

随着我国养老服务格局的基本形成，社区居家养老将成为养老服务的主流模式，居家养老需要社区服务做支撑，社区服务在居家养老中起关键作用。养老产业服务众包需要有一个公共平台来链接养老服务需求方与供给方之间的信息传递，这样的公共平台类似虚拟的养老社区。因此，要改变政府大包大揽养老事业的局面，就要改革社区的服务功能，在养老产业服务众包模式下，将现实的社区服务平台与虚拟的社区服务平台进行结合。通过社区服务众包模式建立虚拟养老社区，能将各级政府、社区、家庭、养老产品或服务供应商、社会组织整合起来，解决居家养老服务“分散化”问题。我国的社区服务本

身就是政府供给机制下的服务体系，政府承担基本公共服务供给责任，通过社区服务体系提供满足社区居民个性化、多元化需求的服务。社区服务具有福利性和公益性，但社区服务又有一定自主运营的权力，可以通过服务招标方式让居民需求的业务在社区开展营利性商业运营。因此，众包模式在社区服务中大有可为，通过养老产业服务众包平台开展养老服务的发包与接包，能实现养老服务供需的有效对接。目前，我国大力推进社区网格化管理，社区网格化管理信息平台与养老产业市场信息服务平台系统联动，将能更好地为社区老年人提供适用的养老服务。政府应构建虚拟养老社区的线下沟通、协同决策机制，尽快出台有关虚拟养老社区的政策法规，从服务购买者、服务提供者、服务消费者到服务内容、服务标准、服务购买过程，再到评估、监督、管理等各个方面制定详细的政策，以保证每个环节都有法可依，确保相关工作规范化发展。

3. 优化非营利组织供给机制，带动人人参与养老的社会责任效应

从经济学角度来看，非营利组织是公共产品供给中政府失灵和市场失灵的有益补充，定位为“以志愿求公益”。非营利组织通过养老产业服务众包平台参与养老服务，能够为老年人提供多样化的养老服务，并承担一些政府和企业都无法充分实现的社会职责。非营利组织更能贴近养老需求实际，组织灵活创新，讲究公平和效率，当然非营利组织与政府、市场是分工、合作、互补的伙伴关系，而不是替代、对抗关系。非营利组织参与养老服务具有一定的志愿性，应发挥非营利组织志愿供给机制的作用，即政府制定相关政策，鼓励非营利组织在其目标范围内，针对老年人的特殊需求提供服务，保证非营利组织能够获得自身运行所必需的资源，让社会养老最大限度地增进公共福利。在有些情况下，政府和社区无法提供某些养老服务，或者政府和社区提供成本过高，但养老服务企业又没有积极性参与这些养老服务，政府和社区就会将这些养老服务供给职能转移给相关的志愿事业

组织，由这些非营利组织代替政府和社区提供养老服务。非营利组织接受政府和社区的委托，通过养老产业服务众包平台提供养老服务，这就是非营利组织与政府和社区之间形成的委托代理供给机制。当然，政府和社区要建立一定的机制和制定相应的措施，吸引非营利组织接受它们的养老服务供给委托。

要让非营利组织更好地参与到养老服务供给中，就要制定非营利组织养老服务供给的决策机制、使用机制、筹资机制、激励约束机制等。在决策机制上，就是要充分尊重非营利组织的自我选择，给予非营利组织选择服务项目和服务对象的权利；在使用机制上，非营利组织从事的是公共事业，供给的大多是准公共物品，非营利组织参与养老服务属于自愿供给中的中间供给；在筹资机制上，非营利组织的筹资形式主要有社会无偿捐赠和政府财政资助两种，政府应专门针对非营利组织参与养老服务供给安排适当的财政资金；在激励约束机制上，政府要直接或者委托相关机构对非营利组织的运营进行监督和管理，及时了解非营利组织对社会捐赠和财政资金的使用情况，以提高非营利组织提供养老服务的效率，同时政府也要对非营利组织参与养老服务供给制定激励政策，包括税收优惠政策、褒奖政策等。

4. 创新智能化整合供给机制，提升养老产业服务众包的精准度

养老产业服务众包信息平台是推进养老服务动态发展的重要技术支撑，也是政府购买养老服务供给机制的体现。政府应当加强信息平台建设，构建全方位、高质量、专业化的养老产业服务众包信息平台，向养老服务接包方提供精准的信息服务。要在养老产业服务众包信息平台下建立老龄信息实时监测系统，同时推动养老产业服务众包信息平台与公安、工商、民政等养老相关行政部门的信息平台对接，使各信息平台之间能够相通，形成一个应用广泛的大数据中心，以掌握更多精准、有效的信息。养老服务购买方和供给方要通过养老产业服务众包大数据分析对服务内容进行长远规划。养老服务供给方要将规划中的服务内容纳入自己业务内容拓展升级的发展目标中，并通过

养老产业服务众包大数据分析了解服务对象需求内容和结构的变化，以便及时做出调整。参与养老产业服务众包的企业或组织要根据老年人的养老服务需求变化，及时开发出多样化、个性化、智慧化的针对性强的养老产品和服务，在养老产业服务众包信息平台的服务目录中找准自己的定位，在提高养老产品和服务品质的同时创造更多收益。

第三节　我国养老产业服务众包投融资机制创新

一、养老产业服务众包投融资机制概述

（一）投融资机制

企业投资是指企业以自有的资产投入，承担相应的风险，以期合法地取得资产或权益的一种经济活动。企业投资可分为直接投资和间接投资两种，直接投资一般是把资金投放于生产经营环节中，主要为企业设立、购置各种生产经营用资产的投资。这种企业经营性直接投资在总投资中所占的比重较大。间接投资又称为金融投资或证券投资，是指把资金投放于证券等金融性资产，以期获得股利或利息收入的投资。随着我国金融市场的完善和多渠道筹资的形成，企业的间接投资越来越广泛。

企业融资是指企业从自身生产经营现状及资金运用情况出发，根据企业未来经营与发展策略的需要，通过一定的渠道和方式，利用内部积累或向企业的投资者及债权人筹集生产经营所需资金的一种经营活动。资金是企业体内的血液，是企业进行生产经营活动的必要条件，没有足够的资金，企业的生存和发展就没有保障。企业融资与资金供给制度、金融市场、金融体制、债信文化有着密切的关系。

投融资机制是关于企业投资和企业融资的各要素之间的结构关系和运行方式。

（二）养老产业服务众包投融资机制

随着老龄化趋势加剧，养老成为全社会关注的焦点。养老涉及社会的方方面面，离不开金融媒介的融通作用。养老金融是指为了应对老龄化挑战，围绕着社会成员的各种养老需求所进行的金融活动的总和。一般来说，养老金融包括养老金金融、养老服务金融和养老产业金融。养老金金融指的是为储备养老资产所进行的一系列金融活动，主要包括养老金制度安排和养老金资产管理；养老金金融的对象是养老资金，目标是通过合理的制度安排，积累养老资产并实现养老资产的保值增值。养老服务金融指的是社会机构围绕老年人的消费需求进行的金融服务活动，如传统的储蓄和保险、养老理财、遗嘱信托等服务；养老服务金融的对象是老年人，目标是满足老年人的金融消费需求。养老产业金融指的是为养老相关产业提供投融资支持的金融活动；养老产业金融的对象是养老产业，目标是满足养老产业的各种投融资需求。目前，银行、证券、保险、信托等金融机构都非常重视养老金金融和养老服务金融业务，有些金融机构已经成立专门的养老服务部门。

养老产业金融是面向养老产品和服务供给方的金融，由于养老产业金融不是直接面向老年人的，所以我国的养老产业金融发展缓慢。养老产业不是一个新型产业，它存在于国民经济的各大产业之中，是各产业的结合体，因此养老产业一般是基于其他产业的投融资机制来实现自身的投融资、建设和开发。但是，近几年随着我国人口老龄化形势日益严峻和养老需求更加多样化，政府开始重视养老产业的投融资，出台相关扶持政策，养老产业投融资形式逐渐多元化。但相比于养老需求的增长，养老产业的投融资明显不足。

二、我国养老产业服务众包投融资机制分析

养老事业关系国计民生和社会福祉，关系劳动人口的事业稳定和发展动力。随着老年人口的快速增加和养老需求的多样化，养老产业

的健康发展急需构建可持续发展的完整体系，其中一个必不可少的环节就是构建完善的养老产业投融资机制。养老产业服务众包不仅具有市场性，同时还具有福利性。面对这样的二元特性，必须对养老产业服务众包投融资机制进行深入研究，以便能够更好地推进养老产业的有序健康发展。美国的养老模式主要是居家养老、老年公寓养老和社区养老三种形式。美国养老类地产体系与法规基本完善，美国居家养老主要是政府与社会组织合作，政府出资，社区非营利组织提供服务。老年公寓有自住型、陪护型、特护型等类型可供选择，不同类型的老年公寓提供不同的服务。老年公寓具有一定的公益性，主要投资来自政府。养老社区一般由私人投资并进行商业化运作，养老社区中提供各种养老配套设施，形成养老服务供应链，如美国太阳城养老社区，由地产开发商销售养老概念住宅收回投资产生盈利，由第三方提供养老家政、保健等服务。日本是人口老龄化最严重的国家，日本基本形成了政府主导、社会主体的养老融资供给体系，日本超过30%的上市公司参与养老产业项目，形成了稳定的社会化融资渠道。

（一）我国养老产业服务众包投融资机制的现状与存在的问题分析

养老产业服务众包投融资机制涉及养老产业投融资机制和服务众包投融资机制。国外养老产业投融资主要有政府提供政策性金融支持和市场化投融资两种手段。即使在发达国家如美国、日本等，养老产业的平均利润率也仅在5%左右，所以各国政府均对养老产业进行政策性扶持，为保障性的养老产业提供金融支持，如政策性贷款、政府引导基金、养老专项扶持基金等。发达国家率先步入人口老龄化社会，其养老产业发展较为成熟，美国、日本、欧洲国家对养老产业的投融资政策都有深入研究，并在实践中不断完善这些政策。这些国家的养老资本市场成熟，它们的经验对我国养老产业发展初期的研究具有借鉴作用。

1. 我国养老产业投融资现状

我国养老产业投融资发展还不够成熟，养老产业投融资产品单一。虽然我国已经在探索“以房养老”等养老金融方式，但还仅限在小范围内试行，基本没有得到普及。

（1）政府开始扶持养老产业发展，并制定相应的养老产业投融资政策。产业的投融资是市场导向的，低风险、高回报的产业受到投资者的青睐，但养老产业存在投资周期长、投资回报不显著等特征，单靠市场机制无法让足够的资本进入养老产业。养老产业在增进老年人福祉、丰富老年人生活等方面发挥着重要作用，我国政府在近几年逐渐重视扶持养老产业发展，在财政、土地、税收等方面相继出台政策，不断完善养老产业投融资机制。我国政府先后印发《关于加快发展养老服务业的若干意见》（国发〔2013〕35 号)、《关于创新重点领域投融资机制鼓励社会投资的指导意见》（国发〔2014〕60 号)、《关于鼓励民间资本参与养老服务业发展的实施意见》（民发〔2015〕33 号)、《关于开发性金融支持社会养老服务体系建设的实施意见》（民发〔2015〕78 号)、《关于全面放开养老服务市场提升养老服务质量的若干意见》（国办发〔2016〕91 号)、《关于金融支持养老服务业加快发展的指导意见》（银发〔2016〕65 号）等，这些文件的出台表明我国养老服务市场在逐渐放开，这将大幅提升养老产品和服务有效供给能力，并使养老产品和服务供给结构更加合理。政府通过购买服务、股权合作等方式支持各类市场主体增加养老产品和服务供给，鼓励社会资本进入养老领域。2017 年以来，随着养老产业的进一步发展，我国养老产业金融欣欣向荣：一方面，政府政策性手段不断，从 PPP、养老产业投资基金到养老产业专项债，政府以自身公信力为基础，号召社会资本大力投身于养老产业；另一方面，养老产业金融市场活跃度提高，产业内并购兴起，涉足养老产业的创业板、新三板公司不断涌现，整个养老产业金融市场呈现出蓬勃发展的趋势。地方政府纷纷在养老产业投融资方面推出相关政策，积极引导民间资本进入养老服务领域，如各地推行的“以房养老”商业保险，就是商业保险与社会保险的一个衔接尝试。

然而，我国养老市场的融资架构一直没有建立，虽然有国有资本、产业资本、个人资本等融资形式，但目前在养老产业方面，这些资本投入都很有限。我国养老保险资金、养老房地产资金、养老信托资金、养老风险投资、养老私募股权投资远远不能满足日益增加的养老需求，同时还缺乏养老产业公共服务的购买政策和促进更多市场主体参与养老产业的投融资政策。

（2）社会资本投入养老产业非常有限，投融资产品单一。养老产业是特殊的产业，由于服务对象的特殊性，养老产业的平均利润率偏低。养老产业完成原始资本积累的过程长，社会资本参与度较低，产业融资难、融资贵的现状依然存在。我国的养老产业融资主要依靠信贷，融资渠道单一。新成立的养老企业资产规模小，自有资金少，担保渠道短缺，不容易获得银行贷款。我国还没有完全开放“保险+养老”的投融资模式。

扩大养老服务的供给有赖于动员起社会资本投入，尽管政府已经出台政策鼓励民间资本进入养老服务领域，但是由于固有体制的障碍，社会资本进入养老服务领域仍然面临很多政策问题。比如，国务院于2013年9月发布了《关于加快发展养老服务业的若干意见》，发改委等10部委于2014年9月发布了《关于加快推进健康与养老服务工程建设的通知》，鼓励社会资本参与建设运营健康与养老服务项目。但这些政策并没有区分和平衡养老机构的公益性与民间资本的逐利性。一个现实且重要的问题是，市场主体并不会全部出于公益的考量进入社会养老服务产业。虽然“社会化养老服务”的概念已经提出多年，但目前尚不能明确界定“营利性”与“非营利性”机构的市场定位和管理规范，这造成社会资本进入该领域顾虑重重。因此，要推动社会资本参与养老服务产业，就必须创新养老产业商业模式，促进市场主体提供增值的创新服务。

养老地产行业和养老保险行业是投融资活跃度较高的两大行业。各大地产公司、保险公司开始涉足养老产业，如万科、保利、浦东金桥、世联行、绿城等地产公司开发养老地产，中国人寿、新华保险、泰康人寿、太平洋保险等保险公司也积极投资养老地产，多采用保单加地产联合销售，以提高资金使用效率。对于养老保险的投保人来说，保险合同产生的收益可用于支付或抵消养老服务费用。泰康保险把养老、医疗和地产进行结合，形成了国内领先的养老社区。虽然这些地产公司和保险公司对养老产业进行投融资，但这类企业更多关注养老地产的收益率。利用政府和社会资本合作（PPP）模式，政府提供土地，建设与运营由企业运作，这样可以降低居住成本，但专门开发养老社区一是土地资源有限，二是这种老年集居模式不符合中国养老传统。

（3）住房反向抵押的“以房养老”模式因政策不明确和受到传统观念束缚而难以推广。2014 年，中国保监会印发《关于开展老年人住房反向抵押养老保险试点的指导意见》，我国开启了“以房养老”的研究与实践。但由于受到“家产传后代”传统的影响，加上政府在“以房养老”方面的政策不明确，“以房养老”的参与者不多，这种模式也很难成为养老主流模式。

2. 投资者对养老市场认识不足

随着社会的进步和文明程度的提高，老年人的需求不断细化和多样化。随着老年人养老观念、消费观念的更新，老年人的需求层次不断提升，不但有基本需求，还有发展和享受方面的需求。这些无疑是养老产业发展的强大驱动力。另外，老年人的身体状况、消费习惯、兴趣爱好等与其他年龄段人有明显不同，这决定了他们在衣食住行、休闲娱乐、文化教育等各方面都有独特的需求。

而投资者对养老市场的发展前景认识不足，无论是对产品的设计研发还是对产品的生产销售都存在认识上的误区。企业一般认为老年人对价格过于敏感，老年产品利润低，养老产业属于微利行业，因而不敢进入。而由于老年人多为理智型消费者，其消费行为不易受广告宣传等诱导性因素的影响，加上企业缺乏对老年群体的内部结构、需求层次的深入调查和恰当的营销策略，因此即使投资养老产业，其产品和服务也大多模式雷同、缺乏特色，难以提供真正满足养老市场需求的产品和服务，难以获利。其实，养老市场的需求量巨大且具有微利性，养老产业的公益性并不排斥养老产业的市场性，与企业追求利润也不冲突。只要企业在做好市场调研和市场分析工作的基础上，能够提供真正适合养老市场多层次需求的产品和服务，其利润空间是十分可观的。

3. 养老金融服务有待进一步提升

养老金融的目的在于让金融服务养老、用金融改变养老。然而，目前我国缺乏专注于养老金融的机构。在养老金融的顶层设计方面，我国还没有建立起政府主导、社会广泛参与的多层次养老金融服务体系。从目前公开的资料来看，国内仅有少数几家银行开展了实质性的养老金融服务，并取得了较为积极的成果。而其他一些金融机构打着提供养老金融服务的旗号，实则仅是加大信贷投入扶持养老地产项目，并没有真正从普通老年人的需求出发开展具有普惠意义的养老金融服务。保险机构对养老服务业的参与仍处于初期阶段，主要定位于养老资金、长寿风险的管理者，相关养老保险产品也以提供货币支付为主，还未形成有特色的养老服务和医疗健康项目。总体来说，我国在养老金融领域仍缺乏比较成熟、成体系、可推广、可持续的商业模式，在日益庞大的老年群体需要个性化的金融和增值服务的局面下，提升养老金融服务供给能力、推动供给侧结构性改革势在必行。

4. 智能化养老产业的投融资还需继续开发

我国智能化产业投融资发展势头强劲，人们对无人机、移动机器人、工业互联网平台、机器视觉、智慧城市、云计算、AI 芯片、智能驾驶、传感器等领域做了乐观的产业发展前景预测，所以近几年这些产业的投融资发展势头良好。但这些智能化产业涉足养老产业的还较少，智慧医疗、智能养老设备、养老信息平台等产业基本上是按照其他智能化产业的模式开展投融资的，还没有形成自己的投融资机制，后续政府要在智能化养老产业投融资方面给予足够的政策支持与机制引导，从而使更多的智能化产业进入养老产业，带动智能化养老产业大发展。

（二）我国养老产业服务众包投融资机制创新分析

目前，我国养老产业所面临的困境，必须通过优化养老产业投融资环境、探索民间资本以多种形式参与养老产业、做好国有资本引导养老产业发展的规划、制定鼓励产业资本进入养老产业的制度、对养老产业投资兼并与重组整合给予政策支持、支持现代信息技术手段运用到养老产业中等来破解。

1. 鼓励和支持民间资本参与养老产业

政府虽然能够提供相应的公共资源，但是无法完全满足亿万老年人个性化的养老服务需求，同时政府在养老服务供给中存在资金短缺、形式单一、效率低下等缺陷。在当前新的市场经济形势下，政府应鼓励和引导民间资本进入养老产业，充分发挥民间资本在发展养老产业中的优势与作用。政府应转变观念，市场能干的就让市场这只无形的手发挥作用，让社会力量和民间资本成为发展养老产业的主体。

2. 探索民间资本以多种形式参与养老产业

通过参与设施建设、参与机构运营、开办服务企业、提供非标准化的养老服务等方式，允许民间资本以多种形式参与养老服务产业，如投资型（独资或股份制）、运营型、投资+运营型、公建民营型、第三方服务型等，进一步满足老年人个性化、多样化的需求。

3. 发挥国有资本在养老产业发展中的引导作用

一直以来，养老服务都被认为是社会的负担，过去对养老的关注都是从人类道德和社会福祉的角度出发的，所以养老服务变成国家社会事业的义务。尤其是过去社会发展和家庭经济水平低，养老产业发展缓慢，出现收益低、回收期长等现象，使很多产业在面对养老市场时或避开或放弃。我国的养老产业尚处于发展初期，国资国企要积极发挥引导作用，在养老产业发展中做好“排头兵”。以国有资本为支撑发展养老产业，有利于国有资本服务社会、惠及民生，拉动消费、扩大就业；有利于引导各类社会资本进入养老产业，发挥投资引导带动作用，加快养老产业发展；有利于各种所有制资本取长补短、相互促进、共同发展。例如，国有资本可以围绕养老产业链，加快覆盖养老产品和服务的研发、生产、流通、销售等环节，促进养老产业生态圈的形成，推动养老产业快速发展。政府需要从投资形式、采购制度、分配方式等方面考虑国有资本如何创新服务养老产业发展。

4. 制定鼓励产业资本进入养老产业的制度

养老产业几乎涉及所有社会行业，如餐饮、保健、护理、家政、教育、旅游等行业。政府要鼓励产业资本在养老领域深耕细作，为产业资本进行政策松绑，让更多相关企业开始投资养老项目，探索“养老+餐饮”“养老+旅游”“养老+保健”“养老+家政”“养老+医护”等新项目。只有产业资本投入养老产业，养老市场才能真正建立起来，养老产业才能进入发展的上升通道。产业资本是追求低风险、高收益的资本，所以在投资上比较谨慎，需要政府给予政策引导；同时，伴随产业资本的进入，养老产业会出现新的商业模式和融资模式，但不管如何创新，只有老年人享受到满意的服务和企业获得满意的投资收益之间实现平衡，养老产业才能可持续发展。实际上，养老服务业的进入门槛并不高，养老服务业属于轻资产行业，很多养老服务业务虽然是针对老年人开发的，但并不是只能由老年人独享，其他家庭成员也可以享受到这些养老服务的正外部效应带来的好处。因此，如果养老服务业的商业模式得到进一步拓展，将有更多的风险投资愿意进入养老产业。拓宽养老产业直接融资渠道，鼓励养老企业通过资本市场直接融资，甚至通过证券市场发行股票融资，或者鼓励优秀的养老企业发行养老产业专项债券，这些都是可以参考借鉴的养老产业投融资制度。

5. 鼓励养老产业投资兼并与重组整合

养老产业是全社会共同关注和共享的产业，人人都需要养老，有实力的房地产基金可以在打造地产持有类基金的同时兼顾养老并购基金的开发。商业保险公司可以与房地产开发公司联合或自主建立房地产开发项目，开发养老社区，通过“险资+养老产业”的模式进行运营，并配套相关的养生、健康管理中心，完善养老产业链。不同产业之间、不同企业之间的投资兼并与重组整合，有利于整合各类资源，提升养老产业综合竞争力和可持续发展能力，催生养老产业新的商业模式，从而为老年人的幸福生活提供更强大的产业保障。

人口老龄化进程的加快和老年群体消费观念的转变，对养老产业投融资机制提出了更高的要求。通过政策性和市场化的手段引导养老产业投融资机制创新，有助于推动养老产业社会效益与经济效益的双赢，为全面建成小康社会奠定坚实基础。

第四节　我国养老产业服务众包组织机制创新

一、养老产业服务众包组织机制概述

（一）组织机制

组织机制是为实现组织目标各构成要素之间的结构关系和运行方式。组织本身就是由各构成要素按照一定的方式联系起来的系统。组织都有一定的目标，是构成要素相互结合而成的集体或团体。组织机制广泛应用于社会管理中。

组织一般有两种含义：一种是动词，就是有目的、有系统地集合起来，如组织群众，这种组织是管理的一种职能；另一种是名词，就是按照一定的宗旨和目标建立起来的集体，如企业、机关、各层次的经济实体等。组织的两种含义是相伴而行的，是一个内容的两个方面，所以组织的动词属性和名词属性是同时具有、同时出现的，提起

组织机制，就要考虑结构关系（名词）和运营方式（动词）两个方面。

所有组织都具有目的性、整体性和开放性三个特征。组织是为实现一定的目标而组成的集体，组织的各构成要素相互作用、相互耦合形成整体，同时组织要不断与外部环境进行物质、能量、信息交换，处于一定环境之中，同环境相互联系、相互作用，具有向环境开放的属性。

（二）养老产业服务众包组织机制

养老产业组织机制是以提供养老产品或服务为目标的各企业或组织之间的组织形态和运行方式。养老产业组织是养老产业内各养老企业间的市场关系和组织形态。养老产业组织机制主要研究养老产业的组织结构关系、养老产业内企业间的市场关系和养老产业内相关组织的运行方式。

1. 养老产业的组织结构关系

老年人的需求是多方面和多层次的，养老产业组织机制建立的支持系统也是多方面和多层次的，养老产业的组织结构关系主要包括政府、企业、社会团体、家庭和个人，它们所提供的资源涉及资本、人力、技术、管理等方面。养老服务具有社会公益和福利属性，政府在养老产业中要扮演好掌舵者、服务者、仲裁者及平衡者的角色。养老产业中多元化的养老企业是关键，养老产业为老年人提供老年用品和养老服务，满足老年人衣、食、住、行、游、医、娱、学等物质和精神文化方面的需求，养老产业涉及第一、第二和第三产业，包括日常生活用品业、医疗保健业、家政服务业、房地产业、金融保险业、娱乐文化产业、旅游业、咨询服务业等多个细分产业。社会团体在养老服务需求分析、养老产业政策咨询、养老服务人才培训、养老服务第三方评估、养老志愿者服务等方面发挥重要作用。家庭和个人是养老服务的消费者，老年人口的快速增加和养老服务需求的多样化促进养老产业快速发展。

2. 养老产业内企业间的市场关系

养老产业是以老年人为核心、以养老服务为主要内容的产业，是兼具公益性和市场性的产业，因此，养老企业要承担一定的社会责任，对养老产品和服务的价格变化相当敏感。养老产业中单一产品或服务的获利能力比较有限，但随着养老市场的扩大，养老企业将朝着规模化和品牌化方向发展，养老产业也会不断做大做强。目前，我国的养老市场尚不成熟，还没有形成稳定的垄断或竞争关系，随着养老市场的逐渐成熟，养老产业内不同企业的市场支配力量、市场地位和市场竞争力的差异将会突显出来，从而形成养老产业内企业间的垄断或竞争关系。

3. 养老产业内相关组织的运行方式

由于养老产业服务对象的特殊性，养老产业的组织运行方式和组织形态与其他产业有很大的不同。在养老产业中，政府参与会比较多，甚至很多养老服务都是通过政府购买服务的形式提供的，养老产业服务众包组织机制就成为养老产业组织机制中最有效的一种。在养老产业内部，养老产业链的技术关联和专业化协作也因养老产业链的特殊性而形成养老产业与其他产业融合发展的现象，同时智能化手段能促进养老产业内相关组织通过信息互通与共享使自己的运行变得更加有效。

二、我国养老产业服务众包组织机制创新分析

发展养老产业，积极应对人口老龄化显得尤为紧迫。为了实现老有所养、老有所医、老有所教、老有所学、老有所为、老有所乐，全面、多样、高质量满足老年人需求，需要建立社会养老服务体系，通过养老产业服务众包组织机制创新，初步形成养老服务消费市场，通过政策推动、企业参与、市场运作、统筹规划、社会支持，多措并举促进养老产业健康快速发展。

（一）充分发挥政府在养老产业服务众包中的主导作用

政府在养老产业服务众包中承担着规划、决策、引导、监督等职能，扮演的是“掌舵者”角色。规划是否合理，决策是否科学，引导是否正确，监督是否到位，直接影响到养老产业的健康发展。政府的主导作用主要体现在科学规划、政策支持、财政资助、示范引导、标准制定、加强监管、人才培养等方面。

1. 科学规划

从战略和全局高度谋划与经济社会发展水平相匹配的社会养老服务体系，构建市、县、街道、社区四级养老服务网络体系，统筹城乡一体化的养老服务机制，从社区（居家）服务、机构服务、服务队伍建设等方面设定具体目标和详细指标，并将规划落实纳入政府的重要工作和目标考核中，因地制宜地推进养老产业服务众包的发展。

2. 政策支持和财政资助

积极制定政策扶持养老产业服务众包发展，尤其鼓励民政信息工程和养老信息惠民工程建设，支持医疗机构开展远程医疗服务，支持物联网研发机构打造智能化养老服务工程，构建养老产业服务众包产业链生态圈，通过大数据、物联网、人工智能、云计算、移动互联网等技术，搭建养老产业服务众包市场信息服务平台系统，为老年人提供集日常照料、医疗护理、休闲娱乐、文化旅游、金融保险等为一体的养老服务解决方案。

政府通过政策支持、财政补贴、税收优惠等方式，进一步鼓励企业研发养老新技术、新产品和新服务。在政府导向和市场驱动下，更多的养老产品或服务供应商会参与到养老产业服务众包中，养老产品和服务会越来越丰富。政府要通过建立养老产业发展专项基金，鼓励有实力的企业依托现有资源和社会力量开展养老产业服务众包研究和实践活动。面对严峻的养老形势，养老产业服务众包在政府的政策指导下突显优势，养老产业逐渐走向市场化，形成公益服务与盈利服务相结合的产业发展模式。

3. 示范引导

鼓励先行先试，积极构建“虚拟养老院”等养老服务组织模式，形成服务标准明确化、服务管理规范化、服务理念人本化、可操作性强、可控性强且具有普适性的养老服务经验范本。深入开展养老产业服务众包示范活动，使全社会都能从理念上重视和支持养老产业服务众包，让每一个人都能从中受益。

4. 标准制定

制定养老产业服务众包的国家标准、行业标准和企业标准，如制定关于养老产业的建筑设施智能化系统、物业管理智能化系统、健康管理智能化系统、生活服务智能化系统、照护服务智能化系统和文化娱乐智能化系统的建设标准，为养老产业服务众包树立示范样板和参考标准，同时要不断建立健全社区智能化养老服务标准、人员配备标准、人员工作要求标准、人员服务要求标准等，为养老产业服务众包发展服务。

5. 加强监管

政府要针对养老服务质量、个人征信等制定标准与措施。围绕养老产业服务众包，开放养老公共数据资源，制定相关标准和规范、建立信息使用体系和完善法律法规。一是要加强监督和评估，根据政府效能、管理效率及能力、履行公共责任程度、社会公众满意度等指标对主管部门及相关领导的工作实绩做出客观评价，以提高政府在养老产业服务众包工作方面的绩效；二是要建立养老产业服务众包评估体系，承接企业应秉持服务理念，恪守职业道德，严格遵循养老行业质量标准，提高服务人员职业技能，致力于打造人性化、特色化、亲情化、多元化的养老服务，树立行业企业新形象；三是要加强对参与养老产业服务众包组织的检查监督和从业人员的教育、管理和业务培训，规范养老服务行为。

6. 人才培养

养老产业的发展需要有专业的高素质养老服务队伍。首先，要不断培养专业化的养老产业运营管理团队，支持该团队开发在线的健康市场调查、养老产业服务咨询和评价、老年人健康预防管理等功能；其次，要鼓励高校和科研院所进行养老产业相关研究，建立养老产业产学研用联盟；再次，要支持高校开设养老服务专业，在有条件的情况下，对就读该专业的学生给予补助（如定向培养、学费减免等），鼓励这些学生毕业后从事养老服务方面的工作，同时为了鼓励大学生进入养老服务行业，要逐步提高养老服务行业从业人员的福利待遇；最后，要建立一个社会化、专业化、规范化的教育培训体系，对在职人员加强职业培训和专业教育，尤其是老年人已经成型的生活习惯很难改变，他们的生活方式很难调整，养老服务模式应根据老年人的不同需求和特征做调整。未来，随着养老产业越来越智能化及新商业模式在养老产业中的应用，养老服务人员既要具备扎实的专业知识，还要有操纵智能化设备的能力；要始终坚持服务至上，以老年人为本，尊重老年人的生活习惯；要重视老年人的尊严、价值和参与。因此，养老产业服务人才培训体系要更加规范化和专业化。

（二）鼓励社会组织参与养老产业服务众包活动

随着老年人口的增加，受过良好培训和具备专业技能的养老服务人员出现严重短缺，这成为制约养老服务质量的关键。针对养老服务人员短缺的现状，我国应结合国外有关社会组织参与养老服务的实践，努力寻求适合我国国情的养老志愿服务组织机制创新。组织创新常常是所有创新环节中最容易被忽视的一个部分，而实际上很多工作的绩效和效果是受到组织原则影响的。社会组织作为社会化养老服务的有效载体，既可以吸收政府公共资源，又可以利用市场资源，还可以最大限度地调动社会各方力量，有效汇集志愿者，在社会福利事业中起着无可替代的作用。尤其是在网络化智能化养老服务中，由社会组织充当统一服务平台，可以充分整合分散的养老资源、促进资源共享。因此，加强对养老服务组织机制研究，有助于在整合资源的基础上提升一个区域的养老服务供给能力，同时通过创新养老服务组织机制，还可以营造和培育一个区域的养老服务生态系统。国家要引导公益慈善组织重点参与养老机构建设、养老产品开发、养老服务提供，使之成为发展养老服务业的重要力量。

1. 充分发挥社会组织在养老产业服务众包中的有益补充作用

在市场经济条件下的社会养老服务供给中，政府要转变职能，充分发挥市场在资源配置中的决定性作用，把行业管理和服务职能主要交给社会组织，使其成为专业化养老服务提供者和养老服务行业管理者，协助政府调查养老产业发展状况，拟定养老产业发展规划，提出供政府参考的法律法规条文和各类服务标准、规范等。

2. 发挥社会组织的专业化示范效应

社会组织的专业化程度较高、分工较明确，尤其是服务性的社团组织，其社会化、网络化、专业化的特点突出，因此可以充分发挥社会组织的专业优势，让其着重提供个性化服务，如老年保健、家庭医生、个性化膳食搭配等服务，尤其是要建设和利用好志愿者服务队伍，通过制定服务标准、加强培训等方式，让其成为居家社会养老服务的主要提供者。养老服务社会化需要依托专业社会组织、社区网格管理员和社区志愿者来实施，可为老年人提供家政、餐饮、医疗等有偿、低偿、无偿服务。社会组织参与养老服务，可以充分发挥自身专业优势，促进专业人才遴选和培养，为养老服务队伍专业化建设奠定基础；可以组织开展养老产业从业人员职业技能培训和岗位技能训练，提升行业管理与服务水平；可以通过推行行业标准和规范，加强管理、提高质量，树立样板、提供示范。

3. 社会组织有利于打破科层壁垒

社会组织不在传统科层体系内，因此可以与区域内各层级的单位、部门进行平等的对话、沟通、协商和互动，这有助于打破传统科层体系中各部门条块分割的格局，实现横向扁平化养老服务平台与纵向条块分割科层体系之间的有效对接。尤其是在网络化智能化养老服务中，由社会组织充当统一服务平台，线下可以整合区域内各单位、各部门分散的养老资源、促进资源共享，线上可以整合相关共享资源库，通过网络等渠道向社会公布已对外开放的资源信息，调动区域内各单位、各部门资源共享积极性，服务区域内老年人。

4. 社会组织可以提供随需服务

社会组织尤其是社区内的相关组织，可以利用地域优势和专业优势，建立老年人基本信息库、老年人需求信息库、老年人人才库、志愿者信息库、驻区单位资源共享库等，并将这些信息库与统一的养老服务平台对接，使养老服务供给方可以通过该平台实时了解老年人的需求动态，有针对性地提供真正符合老年人需求的服务，同时也可以在该平台上进行相关的展示和交流，如微公益、书画展示等，该平台为养老服务供需双方架起了沟通的桥梁。与此同时，社会组织也可以有效整合全社会养老服务资源，建立养老服务资源信息库，使老年人可以方便地查找到各类为老服务信息。社会组织的参与不但拓宽了养老服务主体，还使养老服务供需双方能够充分、高效对接，大大提高了分散的养老服务资源的可及性。

（三）让养老企业成为养老服务供给主体

在养老产业服务众包组织中，真正提供养老服务的是养老企业，只有养老企业供给丰富、多元的养老产品和服务，才能满足老年人多样化、多层次的需求。因此，要充分激发养老产业的发展动力，对参与养老产业服务众包的企业给予相关政策支持。

1. 放宽参与养老产业服务众包的准入条件

养老产业的主体大部分是跨行业的企业，目前养老产业的龙头企业，其原本的主营业务领域基本上都不在养老产业。因此，考虑到养老产业是兼具公益性与营利性的特殊产业，政府要放宽参与养老产业服务众包的准入条件，鼓励市场主体积极参与养老服务。

2. 充分发挥企业的社会责任

养老企业在养老服务的公益性和营利性面前，要把养老服务的公益性放在第一位。养老企业在提供养老产品或服务时，要合法、诚信经营，不能存在任何欺骗行为，要根据老年人的实际需求有针对性地开发养老产品和服务，逐步提升养老产业的智能化水平。

3. 逐步健全养老产业市场机制

养老企业参与养老产业服务众包，在很大程度上是希望获利。养老产业的发展要坚持“兜底有保障，高端有市场”。对于保障性的养老服务产业，要发挥政府的作用，政府要加大对普惠性养老服务产业的政策性支持；对于高端的养老服务产业，要发挥市场机制的作用，让市场在资源配置中起决定性作用，促进养老市场规范化发展。

4. 加强养老产业组织内部管理

参与养老产业服务众包的企业要加强组织内部管理，通过管理机制创新形成企业的自组织，要使组织保持充满活力的状态，适应外部环境，实现自身的持续发展。面对养老服务的特殊性和养老市场的复杂性，养老产业组织要能自我调节、自我适应和自我修复。

第五节　我国养老产业服务众包保障机制创新

一、养老产业服务众包保障机制概述

（一）保障机制

保障机制是为管理活动提供运行条件的机制，为了保证组织顺利运行，需要在政策、组织、资金、人才、技术、监督等方面给予保障条件。

1. 政策保障

政策保障是政府为实现某一特定目的而在组织范围内执行的法律法规和规章制度体系。从产业角度来看，政策保障就是政府为了实现一定的经济和社会目标而对产业的形成与发展进行干预的各种政策总和，一般通过国民经济计划、产业结构调整计划、产业扶持计划、财政投资、货币手段、项目审批等来实现。

2. 组织保障

组织保障是指为实现某一特定目的服务的组织机构、相关人员的组成及其运行机制。组织保障涉及组织目标、组织架构、组织成员、组织运行和组织管理。

3. 资金保障

资金保障是指用提供资金的方式来达到保障的目的。资金保障包括供需双方的资金来源与使用情况。

4. 人才保障

人才保障是人才供应与使用机制。人才保障包括人才供给、人才培养、人才流动、人才激励等。

5. 技术保障

技术保障是组织运行过程中需要一定的技术支持。技术保障既包括社会公共技术保障，也包括组织专用技术保障。

6. 监督保障

监督保障是为组织有效完成目标和正常运作而建立的监督制度，以及时发现问题，维护和保障主体的合法权益。

（二）养老产业服务众包保障机制

养老服务具有社会福利性和产业营利性双重属性。目前，养老服务的社会福利性主要表现为政府为老年人提供普惠性或无偿性的养老服务，或者社会公益组织为老年人提供低于市场价格的养老服务，以此来保障基本养老服务的供给；养老服务的产业营利性主要表现为市场主体为老年人提供丰富的养老服务，一般以市场价格提供养老服务，这种社会经济活动遵循市场经济的运行规则，具有营利性。

养老产业保障机制是指为了让老年人享受到满意的服务和企业获得满意的投资收益，使养老产业可持续发展，而采取的各项方法、手段、措施之间的相互作用、相互影响、相互制约的关系及其运行方式。养老产业的保障机制包括政策保障机制、人才保障机制、组织保障机制、技术保障机制和监管保障机制。

二、我国养老产业服务众包保障机制分析

长期以来，产业界对老年人的消费能力和消费倾向缺乏深入的探索与认知，尤其缺乏针对老年人消费心理和独特消费需求的分析，低估养老服务市场的潜力，因此养老服务市场发展一直比较缓慢。但随着养老观念的改变和老年人数量的激增，养老服务市场也将迎来发展的黄金期。当下是养老产业服务众包发展的最好时代，我们要积极研究养老产业服务众包保障机制，为养老产业服务众包发展保驾护航。

（一）我国养老产业服务众包保障机制的现状与存在的问题分析

人口老龄化的加剧给我国养老产业发展带来了巨大的机遇，政府对养老产业的发展也非常重视，养老产业得到了迅速发展。但我国养老产业的发展与养老需求之间还存在一定的差距，养老产业通过服务众包方式发展，可以有效集中养老资源，提供多样化的养老产品和服务，但目前我国在养老产业服务众包保障机制方面还存在一些比较突出的问题。

1. 养老产业法律法规体系不完善

随着人口老龄化的不断加剧和养老服务需求的不断扩大，政府高度重视养老服务业的发展，并出台了一系列政策措施。2013 年，国务院印发《关于加快发展养老服务业的若干意见》，随后各部委、各地方都纷纷制定发展养老服务业的相关政策措施，我国养老服务业进入发展快车道，从完善各种保险制度和养老服务基础设施的社会保障和养老服务体系相关政策措施的出台，到智能化养老政策措施的出台，都为提高养老服务质量做出贡献。但目前我国养老产业领域还没有形成成熟的法律体系，很多政策还是以通知、意见、办法等形式提出，缺乏法律的强制性和权威性，还缺少对养老服务业相关人员权利和义务的保障，养老服务业法律体系还不够健全，目前扶持养老产业服务众包发展的政策还很缺乏，这些都制约着我国养老产业的快速发展。

2. 养老服务人才队伍建设落后

养老服务专业人才的短缺正制约着我国养老产业的持续发展。大多数养老产业护理人员、管理人员等都缺乏专业知识与技能培训，高素质的优质护理人才更是紧缺，大部分养老服务机构没有配备专业护理、精神慰藉、法律咨询、老年心理咨询等专业养老服务人员，还难以满足老年人的多样化需求。

3. 养老服务市场机制不成熟

市场的有效运行需要一系列基本制度的支撑。尽管社会各界都认识到发展养老产业的必要性和迫切性，但到目前为止，尚缺乏一套全面的、系统的战略计划和行业规划，鼓励与推动养老产业发展的制度建设和政策指导大大滞后。目前，养老产业的性质徘徊在事业和产业之间，养老产业中的非竞争性行业和竞争性行业区分不明确，缺乏政府介入还是市场介入的边界划分。尤其在养老服务业，民营资本在融资服务、财政支持、土地使用、医保定点等方面先天不足，享受不到公办机构的优惠政策，成本较高，无法平等参与竞争。在养老服务市场，养老服务供需失衡现象很普遍，如在生活照料方面供需不匹配，需要完全照料或护理的老年人找不到合适的全职保姆、钟点工、护理人员等，老年医护资源相对紧缺，养老服务配套设施分布不均衡，导致老年人多样化需求得不到满足，目前养老服务供需由市场进行调节还不能实现平衡，养老服务市场急需培育与发展。

4. 养老资金投入机制不健全

尽管养老产业具有公益性和事业性，但养老产业的资金来源仅依靠政府财政支出是远远不够的，发展养老产业如果仅以政策性财政投入或财政购买服务也势必会给政府财政带来巨大的压力。政府对社会资本的扶持力度不够，养老设施建设与运行成本高，养老产业的投入产出比低，养老服务资金来源单一，市场和民间资本参与养老产业的积极性不高，都大大制约了养老产业的发展。

5. 养老产业服务众包的技术保障不到位

现代信息技术在养老产业中的广泛应用能够降低养老服务人才资源的需求和消耗，大大提高养老服务效率，使养老服务更加便利化和规模化，如老年人健康监测系统、老年人实时定位系统、护理人员自动分配监控系统等，都有助于确保老年人生活得更安全，并使养老服务资源分配更合理。但目前在养老产业服务众包发展中还缺少相对成体系的养老服务智能系统，很多系统还需要老年人操控，这些系统的使用反而增加了老年人的负担，智能养老的技术保障还不到位。

6. 养老产业监管体系不完善

我国养老产业发展还处于初级阶段，整个养老服务市场缺乏养老服务管理规范和标准，缺乏养老服务质量评估机制，出现服务不到位现象，甚至还有虐待老人等恶性事件发生。养老产业服务质量评估体系不完善，工作绩效考核体系不健全，政府资金使用不到位等现象还时有发生，因此完善养老产业监管体系十分必要。

（二）我国养老产业服务众包保障机制创新分析

1. 养老产业服务众包政策保障机制创新

加大促进养老产业发展的立法力度，完善养老保障法律法规，制定促进养老产业服务众包发展的规章制度，重视对养老产业的权益保障。

健全养老产业政策激励机制。优化养老产业发展的政策环境，制定、完善和落实支持养老产业发展的财政、金融、土地、税收等方面的扶持政策。对参与养老产业服务众包的相关企业给予税收等方面的优惠政策，尽可能降低相关企业的投入成本。

加强养老设施建设的政策保障。把积极应对人口老龄化作为系统工程来抓，统筹兼顾、综合探索，结合实际、突出重点，可以逐渐把党政机关和国有企事业单位的培训、疗养机构转型为养老设施，增加养老床位，加强老年人基础生活设施建设。

加强养老产业标准化建设的政策保障。养老服务也是一种产品，也需要一定的评价标准，通过养老服务的标准化来对养老服务从业人员、企业进行约束与管理。

积极应对人口老龄化已经成为我国的国家战略，对于养老产业的发展，要形成系统化的政策体系。

2. 养老产业服务众包人才保障机制创新

加快养老产业服务人才的培养。支持有条件的高等院校和职业教育机构设立与养老服务相关的医学、管理学、护理学、心理学、社会学、老年食品用品开发等专业，培养有知识、懂技术、会管理的养老服务专业人才；鼓励养老产业相关企业自己培养和吸收养老服务人才，有效进行人力资源储备，以利于养老产品和服务的研究与开发，满足强大的市场需求；推行养老护理员国家职业标准，实行职业资格和技术等级认证制度，逐步实现养老服务从业人员的职业化与专业化；大力提倡社会互助，积极发展志愿者队伍，规范志愿者培训，加快建立专业人员与志愿者相结合的服务队伍，鼓励大学生和返乡就业人员在养老服务领域就业创业，并给予相关政策支持，实现就业问题和养老产业发展双突破。

鼓励具有养老服务技能的人员从其他行业转入养老服务业，并给予相关政策支持，加大养老服务培训方面的资金投入，建立专业养老护理培训基地，形成智能化的养老产业培训形式，优化养老护理资格证书的考核方式，重视养老服务从业人员道德品质培养，建立养老服务专业技能和服务操作的标准与规范。

提高养老服务从业人员的工资水平和福利待遇。按照养老服务从业人员的技术等级，实行层级式的薪酬模式，提高养老服务从业人员的积极性。加强养老服务社会宣传，提高养老服务人员的社会地位。

3. 养老产业服务众包资金投入保障机制创新

加快形成多渠道的养老产业投入机制。整合养老服务各类资金渠道，建立健全由政府、社会、个人共同参与的养老服务成本分担机制。将养老产业纳入国民经济和社会发展总体规划统筹推进，保障养老产业快速平稳发展。

建立健全养老产业投入保障机制。促进社会力量积极参与养老服务，引导和带动民间资本参与养老产业发展。鼓励和倡导社会各界对养老服务进行慈善捐款。

完善养老产业金融保障机制。推动养老企业与金融机构合作，在社会养老保险、养老储蓄金等方面进行产品和服务创新。对参与养老产业服务众包的相关企业提供融资便利，鼓励金融机构提供低息贷款、延长贷款还款期限等。

4. 养老产业服务众包市场保障机制创新

养老产业是极具潜力的朝阳产业，正在成为各地经济发展的新增长点，养老产业将迎来“黄金发展期”。因此，要大力发展养老产业，让养老产业在拉动就业、促进产业结构调整升级等方面发挥重要作用。

根据养老服务市场的属性将养老产业细化分类，养老产业可分为非竞争性行业和竞争性行业。养老产业中的非竞争性行业，如老年社会保障、老年公益服务设施建设、特困老年救助等，不以营利为目的，而是偏重社会利益，具有公共性和外部性特征，因此应由政府负责。而以营利为目的的竞争性行业则由市场负责，政府应制定相应政策，发挥引导和推动作用，形成一套以政府间接调控为指导、以市场机制为主要资源配置手段的养老产业管理体制和运行机制。重点培育、引导和完善竞争性行业的需求市场，并给予相关企业必要的财政投入、税收优惠、费用减免和其他特殊照顾，以扶持养老产业发展。由于养老产业兼具“公共性”与“私人性”，因此要将养老产业细化分类，并针对不同性质的行业采取不同的对策。

推动养老服务领域市场化改革，优先支持以公建民营、普惠养老为导向的养老服务项目。政府应鼓励和引导民营企业通过服务众包方式进入养老服务领域，调整政府、社会、市场三者之间的关系。针对老年人的特殊需求，建立市场准入机制，支持养老服务业与旅游、医养、康养、教育、娱乐等多个领域融合发展，构建养老产业新品牌，研发智能养老产品，丰富养老服务业态。

5. 养老产业服务众包技术保障机制创新

人工智能、大数据、物联网等现代信息技术广泛应用于养老服务领域，能够使个人、家庭、社区、企业等有效对接，实现养老服务资源的优化配置。要加强养老服务业和现代信息技术的融合，在养老产业服务众包平台下建立养老服务信息管理系统，汇集老年人信息、护理人员信息、养老产品和服务提供企业信息、养老服务过程信息、养老服务质量监控信息等。

在养老产业服务众包平台下建立养老服务网络监控系统，在老年人居住的房间安装智能紧急救护传感器和呼叫器，实时监测老年人的健康状况，并将监测结果及时反馈给家庭医生、家属，保障老年人的安全。

利用养老产业服务众包平台的大数据分析功能，精准获取养老产品和服务需求信息，加强对养老产品和服务的研发，鼓励更多的相关企业投入养老产业中，通过养老产业服务众包平台发布、宣传、推广养老产品和服务。

6. 养老产业服务众包监管保障机制创新

养老产业服务众包是一个开放系统，为了确保养老服务的稳定运行，应从各个方面加强对养老服务业的监督管理。

要对参与养老产业服务众包的养老服务机构加强资质许可后的监管，制定明确的养老产业服务众包进入、退出流程和运营规范，参与养老产业服务众包的相关企业审批信息要公开透明。

要加强对养老产业服务众包相关从业人员的监管。完善养老服务人员技能等级评定制度，定期对从业人员的服务水平和工作业绩进行考核，对不合格人员要降级、重新培训或辞退。

要对养老产业服务众包涉及的资金投入和使用情况进行跟踪，确保资金安全，使用合理，责任到位。

解决人口老龄化问题，要走的路还很长。养老服务涉及民政、卫生、教育、建设、国土资源等多个部门，养老产业涉及医疗保健、文化旅游、休闲娱乐、金融保险等多个行业，把这样一项巨大的工程交给某个部门或者某个企业都不可能彻底改变我国的养老现状。我国应构建起“政府主导、社会参与、市场运作”的良性机制，逐步形成“投资多元化、运作市场化、管理规范化、服务人性化、队伍专业化”的养老服务体系，加快养老服务商业模式创新、加强养老服务组织创新、加快养老服务管理平台创新、推进养老金融保障创新，以有效的制度保障满足老年人多样化、个性化、多层次的需求，最终提升老年人的生活品质和幸福感，在积极应对人口老龄化过程中促进经济社会发展。我国要在养老产业服务众包模式下实现不同群体的互利共赢，推动全社会参与养老服务，真正实现“老有所养、老有所医、老有所教、老有所学、老有所为、老有所乐”的目标。

参考文献

［1］马格纳斯. 人口老龄化时代：人口正在如何改变全球经济和我们的世界［M］. 余方，译. 北京：经济科学出版社，2012.

［2］李建武. 我国人口老龄化与养老产业开发［J］. 财经科学，1998（S1）：66-68.

［3］萧振禹，陶立群. 可持续发展的老年市场及老年产业［J］. 市场与人口分析，1997（3）：18-21.

［4］陆杰华. 我国老龄产业研究评述及展望［J］. 北京大学学报（哲学社会科学版），2002，39（1）：135-140.

［5］龚志文，李丹. 从模式到服务：城市社区养老认知的重构——超越养老模式，从养老服务的角度深化养老服务体系［J］. 河南社会科学，2020，28（11）：115-124.

［6］易艳阳，周沛. “共享养老”：社区居家养老产业创新发展路径［J］. 理论月刊，2020（3）：88-95.

［7］李青. 日本养老制度发展历程：从“国家福利”到“社会福利”［J］. 行政管理改革，2019（7）：93-99.

［8］杨哲，王茂福. 日本医养结合养老服务的实践及对我国的启示［J］. 社会保障研究，2021（1）：93-102.

［9］施锦芳，吴学艳，隋霄. 日本 ICT 辅助健康养老产业发展研究［J］. 财经问题研究，2020（6）：40-48.

［10］伊藤增辉，周燕珉，秦岭. 日本社区嵌入型养老设施配置

发展经验对中国的启示［J］. 国际城市规划，2020，35（1）：20–28.

［11］吴玲俐. 日本老年介护对我国养老服务的启示［J］. 中国实用护理杂志，2013（7）：77–78.

［12］张啸. 农村残疾人情况调查分析［J］. 内江科技，2010，30（1）：125，198.

［13］汪连杰. 失能老年人长期护理的需求规模评估、费用测算与经济效应预测［J］. 残疾人研究，2021（1）：39–50.

［14］胡丹，陆慧，姜海婷，等. 基于日常生活能力评估的机构养老老年人服务需求分析［J］. 卫生经济研究，2019，36（10）：55–57.

［15］鲁岖，陈雪娇，张鲁玉，等. 机构养老的老年人医养结合服务需求分析：基于日常生活能力评估［J］. 卫生经济研究，2021，38（1）：50–53.

［16］李甜江，马建忠，王世超，等. 云南森林康养典型模式研究［J］. 西部林业科学，2020，49（3）：60–65.

［17］焦敏，陈亚颦，和佳慧. 云南省养老旅游资源空间结构特征、规律及影响因素［J］. 西部林业科学，2021，50（2）：163–170.

［18］李建军，詹丽玉，何中声，等. 中国台湾地区森林疗愈发展计划及其内容［J］. 世界林业研究，2021，34（2）：85–90.

［19］谢新. 西南地区森林旅游现状及发展研究［J］. 西部林业科学，2020，49（4）：142–146.

［20］高丹丹，刘鹏，李顺龙. 伊春市发展森林康养产业的潜力挖掘与品牌建设［J］. 东北林业大学学报，2017，45（8）：101–104.

［21］刘拓，何铭涛. 发展森林康养产业是实行供给侧结构性改革的必然结果［J］. 林业经济，2017，39（2）：39–42，86.

［22］范逸男，陈丽娟. 人口老龄化背景下康养小镇发展研究［J］. 技术经济与管理研究，2020（10）：112–117.

［23］张园. 养老服务迫切需要新模式新业态［J］. 人民论坛，

2018（23）：90-91.

［24］潘峰，宋峰. 互联网+社区养老：智能养老新思维［J］. 学习与实践，2015（9）：99-105.

［25］睢党臣，刘星辰. 人工智能居家养老模式构建［J］. 重庆社会科学，2020（7）：6-19，2.

［26］王小荣，刘也，贾巍杨. 社区智慧居家养老系统构建模式研究：天津市既有社区虚拟平台建设探讨［J］. 建筑学报，2020（S1）：56-59.

［27］杨柯，汪志涛. 人工智能赋能下的社区居家养老服务模式构建研究［J］. 云南行政学院学报，2020，22（3）：145-152.

［28］张锐昕，张昊. “互联网+养老”服务智能化建设的条件限度和优化逻辑［J］. 理论探讨，2021（2）：147-154.

［29］赵奕钧，邓大松. 人工智能驱动下智慧养老服务模式构建研究［J］. 江淮论坛，2021（2）：146-152.

［30］罗椅民，刘晓静. 智能适老辅具的应用与发展思路［J］. 中国康复医学杂志，2020，35（8）：912-915.

［31］睢党臣，吴承恒. 老年残疾人智能养老产品供给问题研究［J］. 西安财经大学学报，2021，34（3）：1-7.

［32］汤丁. 养老产业发展的金融配套政策研究.［J］. 宏观经济管理，2015（12）：27-29.

［33］高宝霖，张洪涛. 日本养老保险立法的演变及其对我国的启示［J］. 中州学刊，2010（2）：110-112.

［34］武锐，王薇. 人口老龄化视阈下的日本养老保险制度及其对我国的启示［J］. 江西社会科学，2010（12）：238-242.

［35］李珍，周艺梦. 社会养老保障制度的“瑞典模式”：瑞典名义账户制度解决了什么？［J］. 经济学动态，2010（8）：125-130.

［36］赵勇，段世江，王新文. 美国和香港地区老年志愿者活动的经验及启示［J］. 贵州社会科学，2011（12）：54-57.

［37］杨钊. 法国多样化产业化养老服务模式的发展及启示：兼论我国养老服务产业发展［J］. 当代经济管理，2014，36（7）：88-91.

［38］程承坪，吴琛. 健康战略下发达国家发展养老健康产业借鉴研究：以美国、德国、日本为例［J］. 当代经济管理，2018，40（3）：83-88.

［39］张博，韩俊江. 积极老龄化政策下智能养老产业发展研究［J］. 广西社会科学，2019（7）：95-98.

［40］易艳阳，周沛. "共享养老"：社区居家养老产业创新发展路径［J］. 理论月刊，2020（3）：88-95.

［41］胡丹，陆慧，姜海婷，等. 基于日常生活能力评估的机构养老老年人服务需求分析［J］. 卫生经济研究，2019，36（10）：55-57.

［42］杨良初. 促进养老服务业发展的财政政策思考［J］. 中国财政，2017（3）：42-44.

［43］赵曼，吕国营. 城乡养老保障模式比较研究［M］. 北京：中国劳动社会保障出版社，2010.

［44］郭爱妹，张戌凡. 城乡空巢老年人的生存状态与社会保障研究［M］. 广州：中山大学出版社，2011.

［45］张默. 社区老年服务工作［M］. 北京：中国社会出版社，2011.

［46］陈雪萍. 以社区为基础的老年人长期照护体系构建：基于杭州市的实证分析［M］. 杭州：浙江大学出版社，2011.

［47］刘芳. 香港养老［M］. 北京：中国社会出版社，2010.

［48］李宏. 养老机构质量管理体系实施指南［M］. 北京：中国标准出版社，2006.

［49］李军. 人口老龄化经济效应分析［M］. 北京：社会科学文献出版社，2005.

[50] 姚远. 中国家庭养老研究 [M]. 北京：中国人口出版社，2001.

[51] 柯杰瑞，李豫，王艳平，等. 中国养老保险制度改革借鉴：美国企业年金制度和金融机构的实践 [M]. 北京：企业管理出版社，2012.

[52] 陈卓颐. 实用养老机构管理 [M]. 天津：天津大学出版社，2009.

[53] 张恺悌，罗晓晖. 新加坡养老 [M]. 北京：中国社会出版社，2010.

[54] 麻凤利. 中国老龄产业发展的机遇与挑战 [M]. 北京：中国社会出版社，2010.

[55] 魏彦彦. 中国特色养老模式研究 [M]. 北京：中国社会出版社，2010.

[56] 李洪心. 人口老龄化与现代服务业发展关系研究 [M]. 北京：北京师范大学出版社，2012.

[57] 张恺悌，郭平. 美国养老 [M]. 北京：中国社会出版社，2010.

[58] 民政部，全国老龄办养老服务体系建设领导小组办公室. 全国养老服务基本情况汇编 [M]. 北京：中国社会出版社，2010.

[59] 吴敏. 基于需求与供给视角的机构养老服务发展现状研究 [M]. 北京：经济科学出版社，2011.

[60] 张艳. 快速老龄化背景下苏州市社区养老服务体系建设研究：以沧浪区“邻里情”虚拟养老院为例 [J]. 社会保障研究，2010 (5)：30-35.

[61] 张国平. 居家养老社会化服务的新模式：以苏州沧浪区“虚拟养老院”为例 [J]. 宁夏社会科学，2011 (3)：56-62.

[62] 张晓华. 我国养老社区软环境建设的内涵和模式 [J]. 中外企业家，2010 (14)：158-159.

［63］张啸．德国养老［M］．北京：中国社会出版社，2010.

［64］陈芳，陈建兰．我国“自我养老”模式研究述评［J］．学术论坛，2013，36（1）：90-95.

［65］陈赛权．养老资源自我积累制初探［J］．人口学刊，1999（5）：17-23.

［66］盛见．当前我国养老服务业的发展困境及突破路径［J］．科学发展，2020（10）：106-113.

［67］李瑞丽，乔桂明．基于多元创新视阈的养老服务供给机制研究［J］．广西社会科学，2017（6）：150-153.

［68］季璐，项婷芳，刘红光．政府购买虚拟养老院服务整合供给机制的构建研究：以T市为例［J］．南京理工大学学报（社会科学版），2020，33（3）：44-49.

［69］冷功业．中国公共物品非营利组织供给研究［M］．北京：中国社会科学出版社，2014.

附录 “十四五”国家老龄事业发展和养老服务体系规划

国发〔2021〕35号

为实施积极应对人口老龄化国家战略，推动老龄事业和产业协同发展，构建和完善兜底性、普惠型、多样化的养老服务体系，不断满足老年人日益增长的多层次、高品质健康养老需求，根据《中华人民共和国老年人权益保障法》、《中华人民共和国国民经济和社会发展第十四个五年规划和2035年远景目标纲要》和《国家积极应对人口老龄化中长期规划》，制定本规划。

一、规划背景

党和国家高度重视老龄事业和养老服务体系发展。“十三五”时期，在党和国家重大规划和政策意见引领下，我国老龄事业发展和养老服务体系建设取得一系列新成就。一是老龄政策法规体系不断完备。涉老相关法律法规、规章制度和政策措施不断完善，老年人权益保障机制、优待政策等不断细化，养老服务体系建设、运营、发展的标准和监管制度更加健全。二是多元社会保障不断加强。基本社会保险进一步扩大覆盖范围，企业退休人员养老保险待遇和城乡居民基础养老金水平得到提升。稳步推进长期护理保险试点工作，明确了两批共49个试点城市，在制度框架、政策标准、运行机制、管理办法等方面做出探索。商业养老保险、商业健康保险快速发展。三是养老服务体系不断完善。“十三五”期间，全国各类养老服务机构（包括养老机构、社区养老服务机构，下同）和设施从 11.6 万个增加到 32.9 万个，床位数从 672.7 万张增加到 821 万张。各级政府持续推进公办养老机构建设，加强特困人员养老保障，对经济困难的高龄、失能（含失智，下同）老年人给予补贴，初步建立农村留守老年人关爱服务体系。居家社区养老服务发展迅速，机构养老服务稳步推进，普惠养老专项行动顺利实施。四是健康支撑体系不断健全。老年人健康水平持续提升，2020 年人均预期寿命提高至 77.9 岁，65 岁及以上老年人在基层医疗卫生机构免费获得健康管理服务。医养结合服务有序发展，照护服务能力明显提高，2020 年全国两证齐全（具备医疗卫生机构资质，并进行养老机构备案）的医养结合机构 5 857 家，床位数达到 158 万张。五是老龄事业和产业加快发展。老年教育机构持续增加，老年人精神文化生活不断丰富，更多老年人积极参与社区治理、文教卫生等活动。老年宜居环境建设积极推进，老年人权益保障持续加强。老年用品制造业和服务业加快转型升级，科技化水平显著提升，教育培训、文化娱乐、健康养生、旅居养老等融合发展的新业态不断涌现。

“十四五”时期，我国开启全面建设社会主义现代化国家新征程。党中央把积极应对人口老龄化上升为国家战略，在《中华人民共和国国民经济和社会发展第十四个五年规划和 2035 年远景目标纲要》中做了专门部署。人口老龄化是人类社会发展的客观趋势，我国具备坚实的物质基础、充足的人力资本、历史悠久的孝道文化，完全有条件、有能力、有信心解决好这一重大课题。同时也要看到，我国老年人口规模大，老龄化速度快，老年人需求结构正在从生存型向发展型转变，老龄事业和养老服务还存在发展不平衡不充分等问题，主要体现在农村养老服务水平不高、居家社区养老和优质普惠服务供给不足、专业人才特别是护理人员短缺、科技创新和产品支撑有待加强、事业产业协同发展尚需提升等方面，建设与人口老龄化进程相适应的老龄事业和养老服务体系的重要性和紧迫性日益凸显，任务更加艰巨繁重。

二、总体要求

（一）指导思想

以习近平新时代中国特色社会主义思想为指导，全面贯彻党的十九大和十九届历次全会精神，统筹推进“五位一体”总体布局，协调推进“四个全面”战略布局，坚持稳中求进工作总基调，立足新发展阶段，完整、准确、全面贯彻新发展理念，构建新发展格局，坚持党委领导、政府主导、社会参与、全民行动，实施积极应对人口老龄化国家战略，以加快完善社会保障、养老服务、健康支撑体系为重点，把积极老龄观、健康老龄化理念融入经济社会发展全过程，尽力而为、量力而行，深化改革、综合施策，加大制度创新、政策供给、财政投入力度，推动老龄事业和产业协同发展，在老有所养、老有所医、老有所为、老有所学、老有所乐上不断取得新进展，让老年人共享改革发展成果、安享幸福晚年。

（二）基本原则

——系统谋划，整体推进。坚持应对人口老龄化和促进经济社会发展相结合，坚持满足老年人需求和解决人口老龄化问题相结合，统筹把握老年群体与全体社会成员、老年期与全生命周期、老龄政策与公共政策的关系，系统整体推进老龄事业发展。

——以人为本，顺应趋势。贯彻以人民为中心的发展思想，聚焦老年人在社会保障、养老、医疗等民生问题上的“急难愁盼”，加快建设符合中国国情、顺应人口老龄化趋势的保障和服务体系，优化服务供给，提升发展质量，确保始终与经济社会发展相适应。

——兜好底线，广泛普惠。推进养老服务体系建设，强化政府保基本兜底线职能，促进资源均衡配置，确保基本养老服务保障到位。大力发展普惠型养老服务，充分调动社会力量积极性，为人民群众提供方便可及、价格可负担、质量有保障的养老服务。

——改革创新，扩大供给。深化放管服改革，优化营商环境，培育新产业、新业态、新模式，推动服务业多业态深度融合发展，打造制造业创新示范高地。大力发展银发经济，推动老龄事业与产业、基本公共服务与多样化服务协调发展，努力满足老年人多层次多样化需求。

——多方参与，共建共享。坚持政府、社会、家庭、个人共同参与、各尽其责，弘扬中华民族孝亲敬老传统美德，巩固家庭养老的基础地位，打造老年友好型社会。引导老年人树立主动健康和终身发展理念，鼓励老年人积极面对老年生活，在经济社会发展中充分发挥作用。

（三）发展目标

“十四五”时期，积极应对人口老龄化国家战略的制度框架基本建立，老龄事业和产业有效协同、高质量发展，居家社区机构相协调、医养康养相结合的养老服务体系和健康支撑体系加快健全，全社会积极应对人口老龄化格局初步形成，老年人获得感、幸福感、安全感显著提升。

养老服务供给不断扩大。覆盖城乡、惠及全民、均衡合理、优质高效的养老服务供给进一步扩大，家庭养老照护能力有效增强，兜底养老服务更加健全，普惠养老服务资源持续扩大，多层次多样化养老服务优质规范发展。

老年健康支撑体系更加健全。老年健康服务资源供给不断增加，配置更加合理，人才队伍不断扩大。家庭病床、上门巡诊等居家医疗服务积极开展。老年人健康水平不断提升，健康需求得到更好满足。

为老服务多业态创新融合发展。老年人教育培训、文化旅游、健身休闲、金融支持等服务不断丰富，围绕老年人衣食住行、康复护理的老年用品产业不断壮大，科技创新能力明显增强，智能化产品和服务惠及更多老年人。

要素保障能力持续增强。行业营商环境持续优化，规划、土地、住房、财政、投资、融资、人才等支持政策更加有力，从业人员规模和能力不断提升，养老服务综合监管、长期护理保险等制度更加健全。

社会环境更加适老宜居。全国示范性老年友好型社区建设全面推进，敬老爱老助老的社会氛围日益浓厚，老年人社会参与程度不断提高。老年人在运用智能技术方面遇到的困难得到有效解决，广大老年人更好地适应并融入智慧社会。

专栏1 “十四五”国家老龄事业发展和养老服务体系主要指标

指标	2025 年目标值
1. 养老服务床位总量	达到 900 万张以上
2. 特殊困难老年人月探访率	达到 100%
3. 新建城区、新建居住区配套建设养老服务设施达标率	达到 100%
4. 养老机构护理型床位占比	达到 55%
5. 设立老年医学科的二级及以上综合性医院占比	达到 60%以上
6. 本科高校、职业院校养老服务相关专业招生规模	明显增长
7. 每千名老年人配备社会工作者人数	保持 1 人以上
8. 老年大学覆盖面	每个县（市、区、旗）至少 1 所
9.“敬老月”活动覆盖面	每个县（市、区、旗）每年开展 1 次

三、织牢社会保障和兜底性养老服务网

（四）进一步健全社会保障制度

完善基本养老保险和基本医疗保险体系。不断扩大基本养老保险覆盖面。尽快实现企业职工基本养老保险全国统筹。实施渐进式延迟法定退休年龄。落实基本养老金合理调整机制，适时适度调整城乡居民基础养老金标准。大力发展企业年金、职业年金，提高企业年金覆盖率，促进和规范发展第三支柱养老保险，推动个人养老金发展。完

善基本医保政策，逐步实现门诊费用跨省直接结算，扩大老年人慢性病用药报销范围，将更多慢性病用药纳入集中带量采购，降低老年人用药负担。

稳步建立长期护理保险制度。适应我国经济社会发展水平和老龄化发展趋势，构建长期护理保险制度政策框架，协同促进长期照护服务体系建设。从职工基本医疗保险参保人群起步，重点解决重度失能人员基本护理保障需求。探索建立互助共济、责任共担的多渠道筹资机制，参加长期护理保险的职工筹资以单位和个人缴费为主，形成与经济社会发展和保障水平相适应的筹资动态调整机制。建立公平适度的待遇保障机制，合理确定待遇保障范围和基金支付水平。制定全国统一的长期护理保险失能等级评估标准，建立并完善长期护理保险需求认定、等级评定等标准体系和管理办法，明确长期护理保险基本保障项目。做好与经济困难的高龄、失能老年人补贴以及重度残疾人护理补贴等政策的衔接。健全长期护理保险经办服务体系。

完善社会救助和社会福利制度。健全分层分类的社会救助体系，将符合条件的老年人纳入相应社会救助范围，予以救助。为经济困难的老年人提供养老服务补贴，为经济困难的失能老年人提供护理补贴，并建立补贴标准动态调整机制。推动地方探索通过政府购买服务等方式为经济困难的失能老年人等提供必要的访视、照料服务。

（五）建立基本养老服务清单制度

建立老年人能力综合评估制度。统筹现有的老年人能力、健康、残疾、照护等相关评估制度，通过政府购买服务等方式，统一开展老年人能力综合评估，推动评估结果全国范围内互认、各部门按需使用，作为接受养老服务等的依据。研究制定可满足老年人能力综合评估需要的国家标准，提供统一、规范和可操作的评估工具。推动培育一批综合评估机构，加强能力建设和规范管理。

针对不同老年人群体分类提供服务。各地要根据财政承受能力，出台基本养老服务清单，对健康、失能、经济困难等不同老年人群体，分类提供养老保障、生活照料、康复照护、社会救助等适宜服务。清单要明确服务对象、服务内容、服务标准和支出责任，并根据经济社会发展和科技进步进行动态调整。

（六）强化公办养老机构兜底保障作用

坚持公办养老机构公益属性。各地要根据特困老年人规模确定公办养老机构床位总量下限，做好规划建设和保运转等工作。在满足有意愿的特困老年人集中供养需求的前提下，公办养老机构重点为经济困难的空巢、留守、失能、残疾、高龄老年人以及计划生育特殊家庭老年人等（以下统称特殊困难老年人）提供服务。建立公办养老机构入住评估管理制度，明确老年人入住条件和排序原则。引导公建民营、民办公助等养老机构优先接收特殊困难老年人、做出特殊贡献的老年人。鼓励地方探索解决无监护人老年人入住养老机构难的问题。

提升公办养老机构服务水平。加大现有公办养老机构改造力度，提升失能老年人照护能力，增设失智老年人照护专区，在满足政策保障对象入住需求的基础上优先安排失能老年人入住。支持 1 000 个左右公办养老机构增加护理型床位。针对公共卫生、自然灾害等突发事件，增设隔离功能，改造消防设施，配备必要的物资和设备，加强人员应急知识培训，提升公办养老机构应急保障能力。发挥公办养老机构作用，辐射带动周边各类养老机构完善突发事件预防与应急准备、监测与预警、应急处置与救援等机制。

专栏 2　公办养老机构提升行动

提升覆盖能力达标率。新建和升级改造设区的市级公办养老机构。县级、乡镇级重点支持特困人员供养服务设施（敬老院）建设，改造升级护理型床位，开辟失能老年人照护单元，到 2025 年，县级特困人员供养服务设施（敬老院）建有率达到 100%。

提升服务质量安全达标率。加强公办养老机构规范化建设，使其符合养老机构服务安全基本规范等标准。依据养老机构等级划分与评定等标准，评定为一级至二级服务等级的乡镇级公办养老机构、评定为二级至三级服务等级的县级公办养老机构建有率均达到 80% 以上。

提升入住率。改善公办养老机构服务，优化供给结构，公办养老机构入住率明显提升，用好用足现有资源。

（七）加快补齐农村养老服务短板

通过支持县级养老服务机构建设改造、将具备条件的乡镇级特困人员供养服务设施（敬老院）改扩建为区域养老服务中心、综合利用残疾人托养服务设施等方式，因地制宜实现农村有意愿的特困老年人集中供养。以村级邻里互助点、农村幸福院等为依托，构建农村互助式养老服务网络。支持乡镇级特困人员供养服务设施（敬老院）增加养老服务指导功能，将专业养老服务延伸至村级邻里互助点、农村幸福院和居家老年人。对于特困人员供养服务设施（敬老院）原地改造升级项目，不需要调整规划用途，不额外占用建设指标。加强农村养老服务和管理人才队伍建设，提高职业化、专业化水平。以行政村为单位，依托村民自治组织和邻里互助力量，建立特殊困难老年人定期巡访制度，督促家庭成员履行赡养扶养义务，提供必要的援助服务，帮助解决基本生活安全问题。

四、扩大普惠型养老服务覆盖面

（八）建设普惠养老服务网络

发展社区养老服务机构。深化“十三五”时期居家和社区养老服务试点改革成果，培育一批以照护为主业、辐射社区周边、兼顾上门服务的社区养老服务机构，推动集中管理运营和标准化、品牌化发展。支持社区养老服务机构建设和运营家庭养老床位，将服务延伸至家庭。支持物业企业发挥贴近住户的优势，与社区养老服务机构合作提供居家养老服务。在乡镇（街道）层面，建设具备全日托养、日间照料、上门服务、供需对接、资源统筹等功能的区域养老服务中心。到 2025 年，乡镇（街道）层面区域养老服务中心建有率达到 60%，与社区养老服务机构功能互补，共同构建“一刻钟”居家养老服务圈。

支持建设专业化养老机构。支持社会力量建设专业化、规模化、医养结合能力突出的养老机构，推动其在长期照护服务标准规范完善、专业人才培养储备、信息化智能化管理服务、康复辅助器具推广应用等方面发挥示范引领作用。支持养老机构针对失智老年人的特殊需求，提供专业照护服务。引导养老机构立足自身定位，合理延伸服务范围，依法依规开展医疗卫生服务，为老年人提供一体化的健康和养老服务。中央预算内投资重点支持新建护理型养老服务设施和照护服务能力改造提升项目。引导地方对普通型床位和护理型床位实行差异化补助，到 2025 年，全国养老机构护理型床位占比提高到 55%。完善对护理型床位的认定办法，尽快建立长期照护服务的项目、标准、质量评价等规范。

积极推进公办养老机构改革。完善公办养老机构委托经营机制，改革以价格为主的筛选标准，综合考虑从业信誉、服务水平、可持续性等质量指标。引进养老服务领域专业能力较强的运营机构早期介入、全程参与委托经营的养老机构项目工程建设，支持规模化、连锁化运营。探索将具备条件的公办养老机构改制为国有养老服务企业或拓展为连锁服务机构。探索建立城市养老服务联合体，“以上带下”提升基层服务能力。

（九）支持普惠养老服务发展

完善社区养老服务设施配套。各地要严格按照人均用地不少于 0.1 平方米的标准分区分级规划设置社区养老服务设施，老龄化程度较高的地区可结合实际适当上调标准。加强常态化督查，确保新建居住区与配套养老服务设施同步规划、同步建设、同步验收、同步交付。开展城镇配套养老服务设施专项治理，全面清查 2014 年以来新建城区、新建居住区配套情况，定期进行全国通报，2025 年前完成整改。在城镇老旧小区改造中，统筹推进配套养老服务设施建设，通过补建、购置、置换、租赁、改造等方式，因地制宜补齐社区养老服务设施短板。支持在社区综合服务设施开辟空间用于养老服务。支持养老机构利用配套设施提供社区养老服务，具备条件的可重点开展失能老年人全日托养服务，无偿或低偿使用配套设施的，应当以普惠为导向确定服务价格。鼓励地方探索对相邻居住区的配套养老服务设施进行资源整合、统筹利用，统一管理运营。定期组织开展社区养老服务设施使用状况检查，对于未按养老服务用途使用的配套设施产权方，支持地方探索依法实施合理的经济处罚方式。

充分调动社会力量参与积极性。综合运用规划、土地、住房、财政、投资、融资、人才等支持政策，引导各类主体提供普惠养老服务，扩大供给，提高质量，提升可持续发展能力。进一步完善市场原则下的普惠价格形成机制，“十四五”期间，各地要结合实际，综合考虑企业建设运营成本、政策支持情况、消费者承受能力等因素，推动普惠养老服务价格在合理区间运行，价格水平显著低于当地同等服务水平的市场化养老服务机构。实施普惠养老专项行动，发挥中央预算内投资引导和撬动作用，引导地方政府制定支持性“政策包”，带动企业提供普惠型“服务包”，推动建设一批方便可及、价格可接受、质量有保障的养老服务机构。

加大国有经济对普惠养老的支持。建立国有经济对养老服务供给的补短板机制，强化中央国有经济在养老服务领域有效供给，加强地方国有经济在养老基础设施领域布局。引导地方国有资本积极培育发展以普惠养老服务为主责主业的国有企业。对主要承担养老服务功能的国有企业，重点考核服务质量、成本控制、运营效率等情况。

五、强化居家社区养老服务能力

（十）构建城乡老年助餐服务体系

建立老年人助餐服务网络。综合利用社区养老服务设施和闲置房屋等资源，打造一批食材可溯、安全卫生、价格公道的标准化社区老年食堂（助餐服务点）。重点补齐农村、远郊等助餐服务短板，支持当地养老服务机构、餐饮场所等增加助餐功能，推广邻里互助的助餐模式。丰富和创新助餐服务提供机制，因地制宜采取中央厨房、社区食堂、流动餐车等形式，降低运营成本，便利老年人就餐。

支持高质量多元化供餐。围绕更好满足老年人多层次多样化就餐需求，鼓励助餐机构开发餐饮产品、丰富菜色品种、合理营养膳食。建立助餐服务合理回报机制，由经营者根据实际服务成本和适度利润水平确定收费标准，引导更多市场主体参与助餐服务。引导外卖平台等市场主体参与助餐配送。推动助餐机构投保食品安全责任保险。

（十一）开展助浴助洁和巡访关爱服务

发展老年人助浴服务。支持社区助浴点、流动助浴车、入户助浴等多种业态发展，培育一批专业化、连锁化助浴机构。研究制定老年人助浴服务相关标准规范，加强养老护理员助浴技能培训。支持助浴服务相关产品研发，推广应用经济实用型产品。鼓励助浴机构投保相关保险，提高风险保障程度。

引导助洁服务覆盖更多老年人。支持家政企业开发被褥清洗、收纳整理、消毒除尘等适合老年人需求的保洁服务产品。引导物业企业将保洁服务范围由公共区域向老年人家庭延伸。支持有条件的地方通过政府购买服务、组织开展志愿服务等方式，为特殊困难老年人提供助洁服务。

加强居家老年人巡访关爱。建立居家养老巡访关爱服务制度，实行普遍巡访和重点巡访相结合，采取电话问候、上门探访等多种形式，运用互联网、物联网等技术手段，为老年人提供紧急救援服务。通过“社工+邻里+志愿者+医生”相结合的方式，为特殊困难老年人提供身心关爱服务。

（十二）加快发展生活性为老服务业

提高老年人生活服务可及性。依托社区养老服务设施，引导社区综合服务平台广泛对接老年人需求，提供就近就便消费服务。组织和引导物业企业、零售服务商、社会工作服务机构等拓展为老服务功能，提供生活用品代购、餐饮外卖、家政预约、代收代缴、挂号取药、精神慰藉等服务。

培育老年人生活服务新业态。推动“互联网+养老服务”发展，推动互联网平台企业精准对接为老服务需求，支持社区养老服务机构平台化展示，提供“菜单式”就近便捷为老服务，鼓励“子女网上下单、老人体验服务”。培育城市级综合信息平台和行业垂直信息平台。引导有条件的养老服务机构线上线下融合发展，利用互联网、大数据、人工智能等技术创新服务模式。鼓励互联网企业开发面向老年人各种活动场景的监测提醒功能，利用大数据方便老年人的居家出行、健康管理和应急处置。

六、完善老年健康支撑体系

（十三）加强老年健康教育和预防保健

完善健康教育和健康管理。开发老年健康教育科普教材，通过老年健康宣传周等多种活动，利用多种传播媒介普及健康知识和健康生活方式，提高老年人健康素养。落实基本公共卫生服务老年人健康管理项目，做实老年人家庭医生签约服务。加强老年人群重大传染病的早期筛查、干预，鼓励有条件的地方开展阿尔茨海默病、帕金森病等神经退行性疾病的早期筛查和健康指导。

实施老年健康促进工程。加强老年人群重点慢性病的早期筛查、干预及分类指导，开展老年口腔健康、老年营养改善、老年痴呆防治和心理关爱行动。推动老年健康领域科研成果转化，遴选推广一批老年健康适宜技术，提高基层的老年健康服务能力。发挥中医药在老年病、慢性病防治等方面的优势和作用。

（十四）发展老年医疗、康复护理和安宁疗护服务

增强医疗卫生机构为老服务能力。加强国家老年医学中心建设，布局若干区域老年医疗中心。加强综合性医院老年医学科建设。支持医疗资源丰富的地区将部分公立医疗机构转型为护理院、康复医院。推动医疗卫生机构开展老年综合征管理，促进老年医疗服务从单病种模式向多病共治模式转变。加快建设老年友善医疗机构，方便老年人看病就医。

推动医疗服务向居家社区延伸。支持有条件的医疗卫生机构为失能、慢性病、高龄、残疾等行动不便或确有困难的老年人提供家庭病床、上门巡诊等居家医疗服务。公立医疗机构为老年人提供上门医疗服务，采取“医疗服务价格+上门服务费”方式收费。提供的医疗服务、药品和医用耗材适用本医疗机构执行的医药价格政策，上门服务费可由公立医疗机构自主确定。鼓励社会力量开办社区护理站。积极开展社区和居家中医药健康服务。

开展安宁疗护服务。推动医疗卫生机构按照“充分知情、自愿选择”的原则开展安宁疗护服务。稳步扩大安宁疗护试点，推动安宁疗护机构标准化、规范化建设。支持社区和居家安宁疗护服务发展，建立机构、社区和居家相衔接的安宁疗护服务机制。加强对社会公众的生命教育。

专栏3　老年健康服务体系建设行动

老年健康促进工程。监测老年人健康素养状况，开展有针对性的健康教育活动。将老年心理关爱行动覆盖至所有县（市、区、旗）。在先行试点的基础上，实施老年口腔健康行动和老年营养改善行动。实施老年痴呆防治行动，提升老年痴呆防治水平。

老年健康服务体系建设工程。构建综合连续、覆盖城乡的老年健康服务体系。加强综合性医院老年医学科以及老年医院、康复医院、护理院（中心、站）、安宁疗护机构建设。鼓励社会力量开办护理院（中心、站）。在国家安宁疗护试点市（区），每个县（市、区、旗）至少设立1个安宁疗护病区，有条件的社区卫生服务中心和乡镇卫生院设立安宁疗护病床。

（十五）深入推进医养结合

丰富医养结合服务模式。鼓励大型或主要接收失能老年人的养老机构内部设置医疗卫生机构，将养老机构内设医疗卫生机构纳入医联体管理，根据服务老年人的特点，合理核定养老机构举办的医疗机构医保限额。推动养老机构与周边医疗卫生机构开展签约合作，做实合作机制和内容。到2025年，养老机构普遍具备医养结合能力（能够提供医疗卫生服务或与医疗卫生机构开展签约合作）。

增加医养结合服务供给。实施社区医养结合能力提升行动。积极开展基本公共卫生服务老年健康与医养结合服务项目。支持优抚医院、光荣院转型，开展医养结合服务。推动社区卫生服务中心与社区养老服务机构、乡镇卫生院与特困人员供养服务设施（敬老院）、村卫生室与农村幸福院毗邻建设，采取多种有效方式实现资源整合、服务衔接。

提升医养结合服务质量。健全医养结合标准规范体系。推动医疗卫生、养老服务数据共享，完善医养结合信息管理系统。推进“互联网+医疗健康”“互联网+护理服务”“互联网+康复服务”，发展面向居家、社区和机构的智慧医养结合服务。

专栏4　医养结合能力提升专项行动

社区医养结合能力提升行动。依托社区卫生服务中心、乡镇卫生院或养老服务机构、特困人员供养服务设施（敬老院），利用现有资源改建一批社区（乡镇）医养结合服务设施，重点为失能、慢性病、高龄、残疾等老年人提供健康教育、预防保健、疾病诊治、康复护理、安宁疗护为主，兼顾日常生活照料的医养结合服务。 医养结合示范行动。利用中央预算内投资支持建设专业化、规模化、医养结合能力突出的养老服务机构。组织开展医养结合人才能力提升培训。组织开展全国医养结合示范省（自治区、直辖市）、示范县（市、区、旗）和示范机构创建活动。

（十六）强化老年人疫情防控

制定老年人突发公共卫生事件应急处置预案和指南，分类完善居家、社区和入住养老机构的老年人疫情防控措施。在疫情应急处置中，充分发挥基层党组织和基层自治组织的作用，做好特殊困难老年人的就医帮助、生活照顾、心理慰藉等服务。加强养老机构疫情防控制度和能力建设。

七、大力发展银发经济

（十七）发展壮大老年用品产业

加强老年用品研发制造。大力开发满足老年人衣、食、住、行等需求的老年生活用品。针对不同生活场景，重点开发适老化家电、家具、洗浴装置、坐便器、厨房用品等日用产品以及智能轮椅、生物力学拐杖等辅助产品，推广易于抓握的扶手等支撑装置以及地面防滑产品、无障碍产品，发展老年益智类玩具、乐器等休闲陪护产品。针对机构养老、日间托养、上门护理等需求，重点开发清洁卫生、饮食起居、生活护理等方面产品，提升成人尿裤、护理垫、溃疡康复用品等产品的适老性能，发展辅助搬运、翻身、巡检等机器人。发展老年人监护、防走失定位等产品。

促进优质产品应用推广。制修订一批关键急需的老年用品和服务技术标准，促进质量提升，规范市场秩序，引导消费者正确选择和使用。建立老年用品产品目录，适时进行评估并动态调整。对自主研发、技术领先、市场认可的产品，优先纳入升级和创新消费品指南。在有条件的街道、社区，发展嵌入式康复辅助器具销售和租赁网点，提供用品展示、预约使用、指导教学、售后维修、回收利用等服务。

鼓励发展产业集群。鼓励国内外多方共建特色养老产业合作园区，加强市场、规则、标准方面的软联通，打造制造业创新示范高地。优先培育一批带动力强、辐射面广的龙头企业，打造一批产业链长、覆盖领域广、经济社会效益显著的产业集群，形成一批具有国际竞争力的知名品牌，推动我国相关产业迈向全球价值链中高端。

专栏 5　规划布局一批银发经济重点发展区域

在京津冀、长三角、粤港澳大湾区、成渝等区域，规划布局 10 个左右高水平的银发经济产业园区。支持北京、天津、上海、海南、重庆在开展服务业扩大开放综合试点中推进国际性、跨区域合作。结合积极应对人口老龄化重点联系城市评选，在全国打造一批银发经济标杆城市，推进在服务业融合发展、制造业转型升级、新技术新业态培育方面的探索创新。建立区域老年用品市场交易平台，支持有条件的地区举办老年用品博览会、展销会。

（十八）促进老年用品科技化、智能化升级

强化老年用品的科技支撑。加快推进互联网、大数据、人工智能、第五代移动通信（5G）等信息技术和智能硬件在老年用品领域的深度应用。支持智能交互、智能操作、多机协作等关键技术研发，提升康复辅助器具、健康监测产品、养老监护装置、家庭服务机器人、日用辅助用品等适老产品的智能水平、实用性和安全性，开展家庭、社区、机构等多场景的试点试用。

加强老年科技的成果转化。利用现有资金渠道，支持老年用品关键技术和产品研发、成果转化、服务创新及应用推广，促进产业创新。支持在老年用品领域培育国家技术创新示范企业、“专精特新”企业、制造业单项冠军企业等，加强产学研用协同创新和关键共性技术产业化。加强老年用品领域知识产权保护，依法保护相关专利、商标和商誉等合法权益。

发展健康促进类康复辅助器具。加快人工智能、脑科学、虚拟现实、可穿戴等新技术在健康促进类康复辅助器具中的集成应用。发展外骨骼康复训练、认知障碍评估和训练、沟通训练、失禁康复训练、运动肌力和平衡训练、老年能力评估和日常活动训练等康复辅助器具。发展用药和护理提醒、呼吸辅助器具、睡眠障碍干预以及其他健康监测检测设备。

推广智慧健康养老产品应用。针对老年人康复训练、行为辅助、健康理疗和安全监护等需求，加大智能假肢、机器人等产品应用力度。开展智慧健康养老应用试点示范建设，建设众创、众包、众扶、众筹等创业支撑平台，建立一批智慧健康养老产业生态孵化器、加速器。编制智慧健康养老产品及服务推广目录，完善服务流程规范和评价指标体系，推动智慧健康养老规范化、标准化发展。

专栏6　老年用品研发制造应用重大科技攻关

结合“十四五”国家重点研发计划相关专项的实施，加强对高龄老年人机能增强和照护、失能老年人用品等的研发。围绕神经系统损伤、损伤后脑认知功能障碍、瘫痪助行等康复治疗需求，突破脑机交互等技术，开发用于不同损伤康复的辅助机器人系列产品，实施智能服务机器人发展行动计划。研发穿戴式动态心电监测设备和其他生理参数检测设备，发展便携式健康监测设备、自助式健康检测设备等健康监测产品，开发新型信号采集芯片和智能数字医疗终端。

（十九）有序发展老年人普惠金融服务

促进和规范发展第三支柱养老保险。支持商业保险机构开发商业养老保险和适合老年人的健康保险，引导全社会树立全生命周期的保险理念。引导商业保险机构加快研究开发适合居家护理、社区护理、机构护理等多样化护理需求的产品。研究建立寿险赔付责任与护理支付责任转换机制，支持被保险人在失能时提前获得保险金给付，用于护理费用支出。支持老年人住房反向抵押养老保险业务发展。积极推进老年人意外伤害保险。鼓励金融机构开发符合老年人特点的支付、储蓄、理财、信托、保险、公募基金等养老金融产品，研究完善金融等配套政策支持。加强涉老金融市场的风险管理，严禁金融机构误导老年人开展风险投资。

八、践行积极老龄观

（二十）创新发展老年教育

加快发展城乡社区老年教育，支持各类有条件的学校举办老年大学（学校）、参与老年教育。鼓励养教结合创新实践，支持社区养老服务机构建设学习点。发挥社区教育办学网络的作用，办好家门口的老年教育。依托国家开放大学筹建国家老年大学，搭建全国老年教育资源共享和公共服务平台。推动各地开放大学举办“老年开放大学”，鼓励老年教育机构开展在线老年教育。创新机制，推动部门、行业企业、高校举办的老年大学面向社会开放办学。

（二十一）鼓励老年人继续发挥作用

加强老年人就业服务。鼓励各地建立老年人才信息库，为有劳动意愿的老年人提供职业介绍、职业技能培训和创新创业指导服务。健全相关法律法规和政策，保障老年人劳动就业权益和创业权益。支持老年人依法依规从事经营和生产活动，兴办社会公益事业。按照单位按需聘请、个人自愿劳动原则，鼓励专业技术人才合理延长工作年限。

促进老年人社会参与。在全社会倡导积极老龄观，引导老年人根据自身情况，积极参与家庭、社区和社会发展。积极开展“银龄行动”，支持老年人参与文明实践、公益慈善、志愿服务、科教文卫等事业。建设高层次老年人才智库，在调查研究、咨询建言等方面发挥作用。鼓励和引导老年人在城乡社区建立基层老年协会等基层老年社会组织，搭建自我服务、自我管理、自我教育平台。指导和促进基层老年社会组织规范化建设。

专栏7　基层老年协会规范化建设行动

发挥基层党组织作用，加强基层老年协会党建工作，改善基层老年协会活动设施和条件，加强骨干培训和活动指导。通过政府购买服务等方式，引入专业社会工作者、社会组织等对基层老年协会进行培育孵化，打造一批规范化、专业化基层老年协会。做好基层老年协会的登记（备案）工作，推动各地制定切实可行的具体监管措施，加强规范管理。

（二十二）丰富老年人文体休闲生活

扩大老年文化服务供给。改扩建或新建一批老年公共文体活动场所，支持通过公建民营、委托经营、购买服务等方式提高运营效率。鼓励编辑出版适合老年人的大字本图书，加强弘扬孝亲敬老美德的艺术作品创作，在广播电视和互联网播放平台增加播出，推出养老相关公益广告。搭建老年文化活动交流展示平台，支持老年文化团体和演出队伍登上乡村、社区舞台。鼓励和支持电影院、剧场等经营性文化娱乐场所增加面向老年人的优惠时段。

支持老年人参与体育健身。在体育公园、全民健身中心等公共体育设施布局中充分考虑老年人健身需求，加强配套运动场所和设施的规划建设。鼓励开发适合老年人的体育健身项目，搭建平台组织相关赛事和锻炼展示活动。发布老年人科学健身活动指南，根据差异化的身体素质推荐适合的运动项目和锻炼强度，推广中国传统保健体育运动。鼓励建立老年人全民健身志愿服务队伍，指导和帮助老年人科学开展各类体育健身项目。营造良性的体育健身消费环境，鼓励推出适合老年人的体育服装、锻炼器材等产品以及健身指导、竞赛参与等服务。

促进养老和旅游融合发展。引导各类旅游景区、度假区加强适老化建设和改造，建设康养旅游基地。鼓励企业开发老年特色旅游产品，拓展老年医疗旅游、老年观光旅游、老年乡村旅游等新业态。支持社会力量建设旅居养老旅游服务设施，结合各地自然禀赋，形成季节性地方推介目录，加强跨区域对接联动，打造旅居养老旅游市场。以健康状况取代年龄约束，修改完善相关规定。

九、营造老年友好型社会环境

（二十三）传承弘扬家庭孝亲敬老传统美德

巩固和增强家庭养老功能。在全社会开展人口老龄化国情教育，积极践行社会主义核心价值观，传承弘扬“百善孝为先”的中华民族传统美德。建立常态化指导监督机制，督促赡养人履行赡养义务，防止欺老虐老弃老问题发生，将有能力赡养而拒不赡养老年人的违法行为纳入个人社会信用记录。支持地方制定具体措施，推动解决无监护人的特殊困难老年人监护保障问题。

完善家庭养老支持政策体系。将家庭照护者纳入养老护理员职业技能培训等范围，支持有关机构、行业协会开发公益课程并利用互联网平台等免费开放，依托基层群众性自治组织等提供指导，帮助老年人家庭成员提高照护能力。支持有条件的地区对分散供养特困人员中的高龄、失能、残疾老年人家庭实施居家适老化改造，配备辅助器具和防走失装置等设施设备。探索设立独生子女父母护理假制度。探索开展失能老年人家庭照护者“喘息服务”。

专栏8　中华孝亲敬老文化传承和创新工程

每年在重阳节当月开展为期一个月的“敬老月”活动，广泛组织动员政府部门、社会组织、企事业单位和家庭个人，以走访慰问、权益维护、文化活动、志愿服务、主题宣传等多种方式，为老年人办实事、做好事、献爱心。 每年举办一次中华孝亲敬老文化传承和创新大会。持续开展全国“敬老文明号”创建和全国敬老爱老助老模范人物评选，营造养老孝老敬老社会氛围。 深入开展人口老龄化国情教育，增强全社会人口老龄化国情意识，推动形成积极应对人口老龄化广泛共识。

（二十四）推进公共环境无障碍和适老化改造

提升社区和家庭适老化水平。有序推进城镇老旧小区改造，完成小区路面平整、出入口和通道无障碍改造、地面防滑处理等，在楼梯沿墙加装扶手，在楼层间安装挂壁式休息椅等，做好应急避险等安全防护。有条件的小区可建设凉亭、休闲座椅等。完善社区卫生服务中心、社区综合服务设施等的适老化改造。推动将适老化标准融入农村人居环境建设。鼓励有条件的地方对经济困难的失能、残疾、高龄等老年人家庭实施无障碍和适老化改造。

推动公共场所适老化改造。大力推进无障碍环境建设。加大城市道路、交通设施、公共交通工具等适老化改造力度，在机场、火车站、三级以上汽车客运站等公共场所为老年人设置专席以及绿色通道，加强对坡道、电梯、扶手等的改造，全面发展适老型智能交通体系，提供便捷舒适的老年人出行环境。推动街道乡镇、城乡社区公共服务环境适老化改造。

（二十五）建设兼顾老年人需求的智慧社会

完善传统服务保障措施。对医疗、社保、民政、金融、电信、邮政、出入境、生活缴费等高频服务事项，设置必要的线下办事渠道并向基层延伸。公共服务场所应保留人工窗口和电话专线，为老年人保留一定数量的线下名额。加强身份证信息归集和数据互联互通，在更多领域推广“一证通行”。定期开展拒收现金专项治理。

推进智能化服务适应老年人需求。依托全国一体化政务服务平台，推进政务数据共享，优化线上线下政务服务，让老年人办事少跑腿。持续推进互联网网站、移动互联网应用适老化改造，优化界面交互、内容朗读、操作提示、语音辅助等功能，鼓励企业提供相关应用的“关怀模式”“长辈模式”，将无障碍改造纳入日常更新维护。支持终端设备制造商、应用产品提供商、养老服务机构联动，促进上下游功能衔接。以市场力量为主体推动出台一批智能技术适老化改造标准。组织开展老年人运用智能技术教育培训，通过体验学习、尝试应用、经验交流、互助帮扶等，引导老年人了解新事物、体验新科技、运用新技术。严厉打击电信网络诈骗等违法犯罪行为。

长效解决“数字鸿沟”难题。发挥解决老年人运用智能技术困难工作部际联席会议制度作用，总结各地创新经验和举措，及时推广并适时形成政策文件。组织开展第三方评估，对各地公共服务适老化程度进行评价，相关结果纳入积极应对人口老龄化综合评估。

专栏9 智慧助老行动

在全国城乡社区普遍开展老年人运用智能技术教育培训。研究编制一批老年人运用智能技术教育培训教材，鼓励老年人家庭成员、相关社会组织加强对老年人的培训。遴选培育一批智慧助老志愿服务团队，为老年人运用智能技术提供志愿培训和服务。加强智慧助老公益宣传，营造帮助老年人解决运用智能技术困难的良好氛围。

（二十六）培育敬老爱老助老社会风尚

营造良好社会氛围。健全老年人权益保障机制，加强老龄法治建设，加大普法宣传教育力度。鼓励各地争创积极应对人口老龄化重点联系城市，开展全国示范性老年友好型社区创建活动，将老年友好型社会建设情况纳入文明城市评选的重要内容。加强老年人优待工作，鼓励各地推广与当地文化风俗、经济社会发展水平相适应的敬老爱老优待服务和活动。

积极发挥多方合力。建立健全为老志愿服务项目库，鼓励机构开发志愿服务项目，支持公益慈善类社会组织参与，引导在校生志愿服务和暑期实践、相关专业学生社会实习、社会爱心人士志愿服务等与老年人生活服务、健康服务、精神慰藉、法律援助等需求有效对接。围绕关爱老年人开展慈善募捐、慈善信托等慈善活动，依法加强对慈善组织和慈善活动的扶持和监管。

十、增强发展要素支撑体系

（二十七）推动有关培训疗养机构转型发展养老服务

加大改革力度。按照“脱钩是原则、保留是例外”的要求，推动党政机关等所属培训疗养机构撤销或脱钩，资产统一划转至负责接收的国有企业，整合资源、统筹规划、整体转型。坚持“应改尽改、能转则转”的原则，推动党政机关、国有企事业单位所属培训疗养机构主要转型为普惠型养老服务设施，不得以养老名义经营其他业务。各地要建立绿色通道，本着尊重历史的原则，积极协调解决培训疗养机构转型问题。

强化示范引领。将培训疗养机构数量较多、分布集中的北京、大连、青岛、深圳、成都、杭州、秦皇岛、苏州、扬州、九江等确定为重点联系城市，支持更多符合条件的培训疗养机构转型，打造一批转型优质项目，纳入普惠养老专项行动，争取在 2022 年年底前基本投入运营。制定北戴河地区培训疗养机构转型发展养老服务规划，建设北戴河地区培训疗养机构转型发展养老服务集中示范区。

（二十八）完善用地用房支持政策

科学规划布局新增用地。根据人口结构现状和老龄化发展趋势，因地制宜提出养老服务设施用地的规模、标准和布局。科学编制供地计划，分阶段供应规划确定的养老服务设施用地，并落实到年度建设用地供应计划，做到应保尽保。涉及新增建设用地的，在土地利用年度计划中优先予以安排。制定支持发展养老服务业的土地政策，以多种方式供应养老服务设施用地。

优化存量设施利用机制。在符合规划的前提下，支持利用存量场所改建养老服务设施，进一步简化和优化存量土地用途的变更程序。利用存量商业服务用地开展养老服务的，允许按照适老化设计要求适当放宽户均面积、租赁期限等土地和规划要求。养老服务机构所使用存量房屋在符合规划且不改变用地主体的条件下适用过渡期政策，五年内继续按原用途和权利类型使用土地。研究制定过渡期后顺畅接续的政策措施，稳定养老服务机构预期。出台支持依法利用集体建设用地发展养老服务的实施细则和工作指引，由养老服务机构与村集体约定土地使用和收益分配方案。

（二十九）强化财政资金和金融保障

强化支持老龄事业发展和养老服务的资金保障。适应今后一段时期老龄事业发展的资金需求，完善老龄事业发展财政投入政策和多渠道筹资机制，继续加大中央预算内投资支持力度。民政部本级和地方各级政府用于社会福利事业的彩票公益金要加大倾斜力度，自 2022 年起将不低于 55% 的资金用于支持发展养老服务。鼓励地方在养老服务设施建设中同步考虑运营问题，确保后续发展可持续。各地要根据本地实际，研究制定可操作的运营补贴等激励政策，引导各类养老服务机构优先接收特殊困难老年人，鼓励对接收外地老年人的机构同等适用相应补贴政策。

推动税费优惠举措落地。落实落细支持养老服务发展的税费优惠政策。落实养老服务机构用电、用水、用气、用热享受居民价格政策，不得以土地、房屋性质等为理由拒绝执行相关价格政策，因难以计量等操作性原因无法执行的，探索应用大数据等技术手段予以解决。

拓宽金融支持养老服务渠道。鼓励金融机构按照市场化、法治化原则，提供差异化信贷支持，满足养老服务机构合理融资需求。鼓励探索以应收账款、动产、知识产权、股权等抵质押贷款，满足养老服务机构多样化融资需求。在依法合规、风险可控的前提下，审慎有序探索养老服务领域资产证券化，支持保险资金加大对养老服务业的投资力度，支持保险机构开发相关责任险及机构运营相关保险。

（三十）加强人才队伍建设

完善人才激励政策。完善养老机构等级评定、质量评价等政策，鼓励聘用取得职业技能等级证书的养老护理员，推动行业专业化发展。完善养老护理员薪酬待遇和社会保险政策。建立基于岗位价值、能力素质、业绩贡献的工资分配机制，科学评价技能水平和业绩贡献，强化技能价值激励导向，促进养老护理员工资合理增长。对符合条件的养老护理员按规定给予职业技能鉴定补贴。支持城乡未继续升学初高中毕业生、农村转移就业劳动者、城镇登记失业人员等从事养老服务业，引导其取得职业技能等级证书，按规定获得补贴。建立健全从业人员和为老志愿服务激励褒扬机制。通过职业技能大赛等途径加大社会宣传，支持地方探索将行业紧缺、高技能的养老服务从业者纳入人才目录、积分落户、市民待遇等政策范围加以优待。

拓宽人才培养途径。优化养老服务专业设置，结合行业发展新业态，动态调整增设相关专业并完善教学标准体系，引导普通高校、职业院校、开放大学、成人高校等加大养老服务人才培养力度。积极稳妥推进 1+X 证书（“学历证书+若干职业技能等级证书”）制度。大力推进养老领域产教融合，培育一批产教融合型养老企业，支持院校和优质机构共建合办养老服务实训基地，探索将有条件的养老机构发展成实习实训点。大力发展老年学、养老服务管理、健康服务与管理、中医养生学相关专业本科教育。引导有条件的高校开设老年学、老年医学、老年护理学、老年心理学、老年社会学、老年营养学、老年服务与管理、老年社会工作等课程，鼓励高校自主培养积极应对人口老龄化相关领域的高水平人才，加大新技术新应用新业态的引才用人力度，为智慧健康养老、老龄科研、适老化产品研发制造等领域培养引进和储备专业人才。落实医师区域注册制度，鼓励医务人员到医养结合机构（同时具备医疗卫生资质和养老服务能力的医疗卫生机构或养老机构）执业。在养老机构举办的医疗机构中工作的医务人员，可参照执行基层医务人员相关激励政策。

专栏10 人才队伍建设行动

养老服务人才队伍扩容。积极增设养老服务相关本科专业，支持有条件的普通高校增设老年学、养老服务管理等专业。动态调整养老服务领域职业教育专业目录，支持有条件的职业院校开设养老服务相关专业，扩大养老服务技术技能人才培养规模。 老年医学人才队伍培养。对全国二级及以上综合性医院老年医学科和医养结合机构的1万名骨干医护人员、国家安宁疗护试点市（区）从事安宁疗护工作的5 000名骨干医护人员，开展诊疗知识和技能培训。加强临床医学硕士专业学位老年医学领域研究生临床能力培养。在基层医疗卫生人员招聘、使用和培养等方面向医养结合机构倾斜，鼓励医养结合机构为有关院校提供学生实习岗位。将老年医学、护理、康复等医学人才纳入卫生健康紧缺人才培养。开展相关人才培训，提升医养结合服务能力，依托现有资源设立一批医养结合培训基地。 为老服务人才队伍提质。在一流本科专业建设中加大对养老服务相关专业的支持力度，引领带动养老服务相关专业建设水平和人才培养质量整体提升。完善和发布一批养老服务相关专业教学标准。加强养老服务领域职业教育教学资源建设，遴选一批优秀课程和教材，持续推动职业院校深化养老服务领域教师、教材、教法改革。积极稳妥推进1+X证书制度，推进老年照护等职业技能等级培训及考核工作。

十一、维护老年人合法权益

（三十一）加强市场主体行为监管

落实市场主体信用承诺。建立健全养老服务机构备案信用承诺制度，备案申请人书面承诺养老服务机构按照有关法律法规和国家标准开展活动，书面承诺向社会公开，履约情况记入信用记录。督促养老服务机构落实主体责任，主动防范消除本机构在建筑、消防、食品、医疗卫生等方面的风险隐患，提高养老服务、安全管理、风险防控的能力和水平。

加强市场秩序监管。对未依法取得营业执照以市场主体名义从事养老服务经营活动、未经登记擅自以社会服务机构名义开展养老服务活动、未经登记管理机关核准登记擅自以事业单位法人名义开展养老服务活动等无证无照违法经营行为，加大依法打击查处力度。严禁利用养老服务机构设施和场地开展与养老服务无关的活动。指导养老服务机构按照国家有关规定和当事方协议约定提供服务，建立纠纷协商调解机制，引导老年人及其代理人依法维权。

（三十二）引领全行业规范健康发展

健全养老服务综合监管制度。加强协同监管，健全各部门协调配合机制，实现违法线索互联、监管标准互通、处理结果互认，避免多头多层重复执法，切实减轻养老服务机构和从业人员负担。加强对养老服务机构的行为监管，严防欺老虐老行为。利用大数据分析等多种手段，创新开展智能监管，推动行业自律。建立“养老服务+信用”机制，充分运用全国信用信息共享平台、国家企业信用信息公示系统、中国社会组织政务服务平台，建立覆盖养老服务机构、从业人员的信用管理体系。

优化养老服务营商环境。完善养老机构备案办事指南，优化办事流程，实施并联服务，明确办理时限，推进“马上办、网上办、就近办”。制定养老服务领域政务服务事项清单，建立健全“好差评制度”，持续改进提升政务服务质量。推进要素市场制度建设，实现要素价格市场决定、流动自主有序、配置高效公平。

推进养老服务标准化建设。加快养老服务领域标准的制修订，研究制定一批与国际接轨、体现中国特色、适应服务管理需要的养老服务标准。加快建立全国统一的养老服务质量标准、等级评定与认证体系，推动养老机构服务安全基本规范、服务质量基本规范、等级划分与评定等国家标准的实施，引导养老服务机构通过养老服务质量认证。鼓励各地因地制宜制定养老服务相关地方标准，鼓励社会组织自主制定高于国家标准、行业标准技术要求的养老服务相关团体标准。积极参与养老服务领域国际标准化活动。支持养老服务领域行业组织和机构开展标准化管理。

（三十三）加强老年人消费权益保护

切实防范各类侵权风险。加大联合执法力度，严厉查处老年人产品和服务消费领域的侵权行为，特别是向老年人欺诈销售各类产品和服务的违法行为。广泛开展老年人识骗防骗宣传教育活动，提升老年人抵御欺诈销售的意识和能力。加大养老诈骗重点防范和整治工作力度，做好政策宣传和风险提示，对涉嫌犯罪的依法打击。完善养老服务领域预付费管理制度，探索建立对预付费的资金监管机制。加强对金融机构开展养老服务领域金融产品和服务创新的监管。完善养老服务机构退出机制，指导退出机构妥善做好老年人服务协议解除、安置等工作，建立健全养老服务机构关停等特殊情况应急处置机制。

加强涉老矛盾纠纷化解和法律援助。充分发挥基层党组织、基层群众性自治组织、相关社会组织的作用，做好涉老矛盾纠纷预警、排查、化解。建立适老型诉讼服务机制。倡导律师事务所、公证机构、基层法律服务机构为老年人减免法律服务费用，为行动不便的老年人提供上门服务。做好特殊困难老年人的法律服务、法律援助和司法救助。完善老年人监护制度。

规范中高端机构养老发展。对建设、销售以老年人为主要居住群体的住宅或居住小区，要坚持以服务为本的功能定位，鼓励地方建立监管机制，落实信用承诺，强化日常监管，确保经营健康稳定可持续，严禁以养老之名“跑马圈地”。

十二、实施保障

（三十四）加强党的领导

坚持党的集中统一领导，充分发挥党总揽全局、协调各方的领导核心作用，为规划实施提供坚强保障。强化各地落实规划的主体责任，加强对规划实施的组织、协调和督导，将本规划主要任务指标纳入当地经济社会发展规划，纳入为民办实事项目，纳入政府工作议事日程和目标责任考核内容。

（三十五）完善法治保障

落实依法治国要求，依法保障老年人合法权益，推动制定养老服务法，构建以老年人权益保障、养老服务等法律为统领，行政法规、部门规章、规范性文件为主体，相关标准为支撑的养老服务政策法律体系，实现养老服务有法可依、有法必依。发挥养老服务法规在保护当事人权益、维护市场秩序、规范合同管理、调解处理服务纠纷等方面的重要作用。

（三十六）强化组织协调

各省（自治区、直辖市）要根据人口老龄化发展形势，制定实施专项规划，加强与相关规划衔接。各级老龄工作委员会要发挥统筹协调作用，推动老龄工作委员会各成员单位履职尽责，形成工作合力。发挥养老服务联席会议制度作用，推进养老服务体系建设，强化区域养老服务资源统筹管理。支持城市群、都市圈打造养老服务体系一体化建设格局，形成服务能力衔接、产业发展协同的合作区域。支持大型城市和区域中心城市推动养老产业集聚发展，充分发挥辐射带动和示范作用。推动以地级行政区为单位制定“整体解决方案”，将老龄事业发展和养老服务体系建设纳入经济社会发展全局中通盘考虑，全方位整合资源力量，充分调动各方积极性，推动兜底性、普惠型、多样化三种路径协同发展。

专栏11　养老服务“整体解决方案”

地方层面制定实施方案。地方党委和政府结合本地区人口老龄化发展形势、经济社会发展水平、风土人情等，制定实施养老服务“整体解决方案”，重点包括建立工作机制、明确发展目标、加强财力支撑、完善要素保障、创新支持政策、设计运行机制等内容，体现系统性、科学性、可持续性。 国家层面共同行动。国家发展改革委、民政部、国家卫生健康委加强指导，对于“整体解决方案”含金量高的地方，在中央预算内投资、企业债券等方面加大支持力度，将养老服务领域符合条件的建设项目纳入地方政府专项债券支持范围，将所在地项目向优质养老服务企业和战略合作金融机构重点推介，通过老龄产业白皮书、大型论坛、现场经验交流会等方式积极推广。

（三十七）健全数据支撑

建立完善老龄事业统计指标体系，定期发布国家老龄事业发展公报。持续开展城乡老年人生活状况抽样调查。依据养老产业统计分类，开展养老产业认定方法研究，推进重要指标年度统计。统筹养老服务领域政务和社会数据资源，加强部门间涉老数据信息共享，依托国家人口基础信息库等，汇聚老年人社会保障、养老服务机构、养老从业人员等基本数据集，建设公众需求牵引、政府监督管理、社会力量参与的全国养老数据资源体系。完善电子健康档案和电子病历数据库，加强疾病预测预警，提供老年人健康管理的个性化服务。鼓励和引导多元主体积极参与老年健康监测能力建设，为老年健康状况评估和疾病防治提供信息支持。积极利用智库和第三方力量，加强基础性研究，促进多学科交叉融合，开展老龄化趋势预测和养老产业前景展望，通过发布年度报告、白皮书等形式服务产业发展，引导社会预期。健全老龄事业重大决策专家咨询制度。

（三十八）深化国际合作

全面放开养老服务市场，广泛开展国际交流与合作，推动落实一批具有技术先进性、理念创新性、模式带动性的示范合作项目，支持我国优质产品和服务走出去。推动建立健全双多边合作机制，探索与老龄化程度较高国家及相关国际组织开展合作，加强政策交流、项目对接、人才培养、学术研究等务实合作，以应对人口老龄化国际合作推动“一带一路”民心相通。

（三十九）落实评估考核

国家发展改革委、民政部、国家卫生健康委会同有关部门，加强对各地的指导、督促，及时检查并向国务院报告本规划落实工作进展情况。搭建社会监督平台，健全第三方评估机制，适时对本规划执行情况进行评估，及时发现和解决突出问题。县级以上地方政府要按照本规划要求，结合实际情况，细化相关指标，推进任务落实，确保责任到位、工作到位、投入到位、见到实效。鼓励各地积极探索，勇于创新，创造性地开展工作。

后记

一直相信“天道酬勤”和“机会总是留给有准备的人”这两句话。在人生道路上，机遇与挑战并存。2010 年，我有幸来到苏州工业园区服务外包职业学院工作，应学校专业人才培养与工作需要开始接触并研究服务外包这种商业模式，走访了大量服务外包企业，调研了服务外包的运行机制、技术要求和产业发展领域。

随着我国人口老龄化进程的加快，从“人口红利期”进入“后人口红利时代”是我国人口转型过程中不可回避的阶段，我国面临“未富先老”的局面，社会养老负担沉重。而服务外包一方面能有效调动社会资源，盘活社会存量资源；另一方面又需要信息技术的支撑，在带动先进技术的应用及资源共享方面具有独特的作用。基于对服务外包理念和应用领域的深入思考，以及注意到老龄化社会对养老服务的巨大需求将推动养老产业和养老事业大发展，我开始组建研究团队，构建养老产业服务外包模式的核心理论体系，并致力于养老产业服务外包模式研究。在多年的研究中我们发现，服务外包一般都是服务接包方与发包方单向的业务合作，还难以体现养老产业内各行各业纵横交织的产业融合关系。在继续深入推进理论研究的同时，我们也对养老产业和相关企业进行了深度的观察与走访调研，进而提出了养老产业服务众包模式，并致力于养老产业服务众包模式及运营对策的系统研究。

本书的成书得益于很多方面，我的心中充满感激。

感谢我的工作单位和我的研究团队。学院领导和同人在很多方面给予了我帮助与支持，让我感受到了学院良好的工作氛围和人际关怀。自2011年组建研究团队以来，尽管每位成员都承担着较为繁重的教学、行政及科研工作，但团队始终保持着稳定、进取的状态，各成员之间积极合作、协同推进，在养老产业的研究道路上深耕前行。

感谢江苏省社科联、苏州市社科联、苏州市人大等机构的支持。在养老产业服务众包模式研究过程中，它们对团队申报的多个项目给予立项并资助，使我们的研究项目和研究过程始终保持连贯，阶段性地递进创新，同时也使团队成员在研究过程中更加充满信心。在2012年苏州市社科联对我们团队申报的项目给予立项后，团队成员积极调研养老产业相关企业、养老机构，深入分析研究，最终该项目在当年以“优秀”等级结项，其研究成果荣获苏州市首届“社科应用研究精品工程”优秀成果奖。2013年，我们团队的研究成果《把养老产业打造成朝阳产业》作为政府提案入选苏州市社科联《决策参阅》，我也于2014年受邀参加了苏州市人大组建的《苏州市居家养老服务条例》立法起草编写小组。

扎实的研究离不开深入细致的实地调研。历年来我们团队除了组织成员到企业、政府有关部门及养老机构进行走访交流外，还多次组织学生利用暑假返乡的时间开展以问卷访谈和调查为主要形式，以居家养老、社区养老、基层养老院现状等为主题的社会实践活动，这为我们的研究提供了鲜活的素材和数据。在此，特别感谢曾经参与和支持过我们调研和访谈的历届学生。

本书的主要研究内容来自“2019江苏高校青蓝工程优秀教学团队培养对象项目——现代服务BPO教学团队”，感谢江苏省教育厅和学院对本项目的各项支持，感谢团队成员在项目开展过程中一次又一次的研讨、调研及在材料撰写过程中的通力合作和倾情付出。

最后感谢苏州大学出版社给予本书出版的机会，感谢各位编辑的用心，使本书能够顺利出版。

积极应对人口老龄化已经上升为国家战略，我对养老产业的研究还要从多角度、多层面继续深入下去，为我国的养老事业做出一份贡献。祝愿我国的养老产业能早日真正发展成为“朝阳产业”，祝福所有人的老年生活都能更加美好，更加幸福！

李瑞丽

2021 年 7 月 4 日书于 SISO